모든 것을 이기는
태도의 힘

모든 것을 이기는
태도의 힘

초판 1쇄 발행 2015년 12월 22일

지은이 김진세

펴낸이 손은주 **편집주간** 이선화 **마케팅** 권순민
경영자문 권미숙 **디자인** Erin

주소 서울시 마포구 공덕동 105-74 서부법조빌딩 6층
문의전화 070-8835-1021(편집) **주문전화** 02-394-1027(마케팅)
팩스 02-394-1023
이메일 bookaltus@hanmail.net

발행처 (주) 도서출판 알투스
출판신고 2011년 10월 19일 제25100-2011-300호

ⓒ 김진세 2015
ISBN 979-11-86116-08-1 03180

이 도서의 국립중앙도서관 출판시 도서목록(CIP)은 서지정보유통지원시스템 홈페이지(http://seoji.nl.go.kr)와 국가자료공동목록시스템(http://www.nl.go.kr/kolisnet)에서 이용하실 수 있습니다.(CIP제어번호: CIP2015032400)

※ 책값은 뒤표지에 있습니다.
※ 잘못된 책은 구입하신 곳에서 바꾸어드립니다.

모든 것을 이기는
태도의 힘

김진세 지음

인생의 모든 것을 결정하는 것은
당신의 '태도'입니다

요즘 '수저 계급론'이 화제가 되고 있습니다. 금수저, 은수저, 동수저, 흙수저로 나뉘는 2030세대의 자기비하적인 신계급론입니다. 물론 그 계급론의 근간은 집안 배경입니다. 심지어는 자신이 혹시 '흙수저' 계급에 속하는지를 알아보는 빙고게임까지 등장했습니다. 여러 가지 해당사항에 자신의 입장을 대입해보고 씁쓸한 웃음을 지어본 독자분들도 많을 것입니다. 그런데 말입니다. 부모님 자산이 어느 정도이고, 얼마짜리 집에 살고, 어떤 차를 타느냐에 따라 계급이 나뉜다고 생각하는 것은 지극히 자본의 논리만 따라가는 사고방식 아닐까요.

저는 굳이 계급론을 들먹이자면 '태도 계급론'이 더 정확한 구분법이라고 생각합니다. 심리치료를 필요로 하는 수많은 분들과 상담을 하고, 방송이나 강연을 통해 많은 분들과 속 깊은 이야기를 나누다 보면, 그런 생각이 더욱 강하게 듭니다. 태도가 좋은 사람은 어느 자리에서

나 빛이 나게 되어 있습니다. 많은 자산을 가졌어도 어느 날 다 잃을 수도 있고, 한때 최고의 직장이라고 생각되었던 회사에 다녔어도 하루아침에 실업자가 될 수도 있습니다. 그러나 좋은 태도는 평생 가장 든든한 자산이며, 사회생활에서 가장 아름답고 강한 무기가 됩니다.

그래서 '수저 계급론'이 회자되고 있는 현실이 참 딱하고 답답합니다. 마치 태어날 때부터 정해진 조건들이 자신의 평생을 좌우하는 것처럼 비관적인 생각을 하게 되는 현 세태가 안타깝습니다. 많은 사람들이 자신의 집안 배경, 외모, 경제력, 직업 등의 조건이 자신의 인생을 결정한다고 생각할 수밖에 없는 이 시대도 안타깝지만, 그런 조건들이 부족해서 세상이 나에게 눈길도 주지 않는다고 여기며 좌절감에 빠져 있는 젊은 세대들은 더 안타깝습니다. 그리고 꼭 말해주고 싶습니다. 궁극적으로 자신을 결정하는 것은 바로 '태도'라는 것을요. 행복과 불행을 결정짓고, 성공과 실패를 구분하는 가장 큰 조건은 바로 그 사람의 태도라는 것을 제가 상담해온 분들의 사례와 다양한 이론을 통해 설명드리고 싶습니다.

생각해보십시오. 얼마나 다행입니까? 집안 배경이나 외모, 경제력, 직업 등의 조건은 내 맘대로 바꿀 수 없지만, 좋은 태도는 후천적인 노력으로 얻을 수 있습니다. 나쁜 태도는 인생의 걸림돌이 되지만, 좋은 태도는 인생의 무기가 될 수 있습니다. 그렇다면 태도란 도대체 무엇일까요? 태도를 의미하는 영어단어 애티튜드(attitude)는 라틴어 압투스(aptus)에서 온 말입니다. '준비', '적응'의 의미지요. 어원적 의미로 보면, 태도는 '무엇인가를 행할 준비가 된 상태'라고 봐야 할 것입니다.

미국의 심리학자 올포트(Gordon Willard Allport)는 "태도란 대상에 대해 특정한 방식으로 느끼고 행동하려 하는 학습된 성향"이라고 규정했습니다. 즉, 태도는 학습될 수 있으며, 세상을 보는 프레임을 제공한다는 것입니다. 그리고 태도는 '정서', '사고방식', '행동'의 세 가지 요소로 구성되어 있다고 했습니다. 그래서 우리는 어떤 정서를 통해, 어떤 사고방식으로, 어떻게 행동하면 좋은 태도를 가질 수 있는지 알 필요가 있습니다. 자신의 태도를 스스로 관리할 수 있으면 많은 것을 이룰 수 있으니까요.

'좋은 태도'란 내게 어울리고, 남에게도 보기 좋은, 지나치지 않고 조화로운 것이어야 합니다. 모든 변화의 시작이 그러하듯이, 스스로를 잘 살펴보는 것이 좋은 태도를 갖는 시작점이지요. 내 안에 있는 장단점을 잘 보듬어 조화를 이루어야 좋은 행동이 나올 수 있으니까요. 그래야만 타인과의 경쟁에서도 당당할 수 있고 조화를 이룰 수 있습니다.

이 책에서는 어떤 정서를 갖고, 어떻게 사고하고, 어떻게 행동하면 좋은 태도를 가질 수 있는지 살펴보고자 합니다. 내가 좋은 태도를 가지면 세상이 나를 대하는 태도가 달라진다는 것을, 독자 여러분과 함께 이야기 나누면서 확인해보겠습니다. 그리고 어느 '수저' 앞에서도 더 아름답게 빛나는 태도를 가질 수 있도록 함께 노력해보고 싶습니다.

2015년 11월
정신건강의학과 전문의 김진세

차례

프롤로그

인생의 모든 것을 결정하는 것은
당신의 '태도'입니다   4

1장. 좋은 태도를 위해 어떤 '정서'를 가져야 하는가

공감 상대가 아프면 같이 아파할 줄 아는 사람   12
열정 펄펄 끓는 것보다는 따뜻한 차 같은 사람   26
자부심 잘난 척하지 않지만 사실은 잘난 사람   38
자기애 자기 자신과 친구가 될 수 있는 사람   48
감정 표현 마음의 신호등을 켜놓은 사람   60
감사 감사할 줄 알기에 감사할 일만 생기는 사람   68
사랑 사랑하고 사랑받기 위해 태어난 사람   78

2장. 좋은 태도를 위해 어떤 '사고방식'을 가져야 하는가

긍정 더 잘될 거라고 믿기에 더 잘되는 사람   88

유연성 휘둘리지는 않되 숙일 줄은 아는 사람   98

겸손 자신을 낮추면 더 높아지는 것을 아는 사람   108

배려 타인의 마음에 의자가 되어주는 사람   118

인내 힘들게 참아내고 그 결실을 즐기는 사람   126

도전 승리에 대한 집착을 버리고 진정한 도전을 하는 사람   136

의리 사람의 도리를 지키고 더 큰 것을 얻는 사람   148

3장. 좋은 태도를 위해 어떻게 '행동'해야 하는가

미소 늘 사진 찍는 얼굴로 행복을 만드는 사람   160

스타일 조금은 튈 줄도 아는 멋스러운 사람   170

말 상대의 뜻을 잘 이해하고 말하는 사람   180

리액션 반가움과 고마움을 온몸으로 표현하는 사람   192

유머 웃길 줄 알고 웃을 줄 아는 능력을 가진 사람   202

습관 서두르지 않고 포기하지도 않고 실천하는 사람   212

실천 차근차근 준비하면서 한 걸음씩 나아가는 사람   222

1장
좋은 태도를 위해 어떤 '정서'를 가져야 하는가

감정이란, 어떤 현상이나 사건으로 인해 마음에서 일어나는 느낌이나 기분을 말합니다. 감정에 의해 생각이나 행동에 영향을 많이 받습니다. 생각을 바꾸고 행동을 바꾸어도 감정은 그대로 남기 쉽습니다. 태도에서 행동의 변화가 가장 확실한 변화로 다가서지만, 감정의 변화야말로 근본적인 변화입니다.

이성이 세상을 지배하는 것 같지만, 실은 감정이 더 지배적입니다. 태도 속의 감정을 이해하고 바꾸어주는 것, 그것이 세상을 살아가는 지혜입니다.

공감

상대가 아프면
같이 아파할 줄 아는 사람

"말을 잘하려면 잘 들을 수 있어야 한다.
경청은 대화 상대방에게 관심을 보이는 태도 이상이다."
_래리 킹

정신과의사에게 가장 좋은 태도는 무엇일까요? 다른 사람을 잘 이해하고 위로해주는 일이 직업인 정신과의사에게는 특별한 태도가 필요합니다. 인간에 대한 본능적인 애정과 공감, 냉철하고 분석적인 사고방식, 진단과 치료 능력 배양을 위한 끊임없는 연구 등이 있겠지요. 만약 그중 하나만 꼽으라 한다면, 대다수의 정신과의사들은 '공감'을 최고의 태도라고 답할 것입니다.

정신과의사 말고도 공감의 태도가 뛰어난 사람들은 많습니다. 미국의 44대 대통령인 버락 오바마는 공감의 정치로 국민들의 사랑을 받고 있습니다. 정치, 외교, 행정 등 여러 분야에서 그의 공감은 국민들에게 감동을 주었습니다. 그가 갖고 있는 공감의 태도는 대통령이 되기 전부터 유명했습니다. 2004년 존 케리 민주당 대통령후보 지지연설은 대표적인 명연설이었습니다.

> "만약 시카고 남부에 어떤 아이가 있는데 그가 글을 읽지 못한다면, 그것은 내게도 중요한 문제입니다. 비록 내 아이가 아니라도 말이지요. 만약 어딘가에서 한 노인이 진료받을 돈이 없어 '약을 살 것인가, 월세를 낼 것인가' 하는 선택을 해야만 한다면, 내 삶은 더 비참하다고 할 것입니다.

비록 나의 할아버지가 아니어도 말입니다. 만약 어떤 아랍계 미국인 가족이 변호사의 도움을 못 받거나 또는 정당한 절차 없이 체포당했다면, 이것은 나의 자유를 위협받는 것과 마찬가지입니다. 제게는 근본적인 믿음이 있습니다. 즉, 나는 내 형제를 지켜야 하고, 내 누이를 지켜야 한다는, 그런 근본적인 믿음이 우리나라를 제대로 돌아가게 하는 것입니다."

문맹, 가난, 인권차별에 대한 오바마의 견해는 많은 미국 국민들의 공감을 끌어내 큰 감동을 주었으며, 이 연설로 그는 일약 최고의 정치스타가 되었습니다. 이런 공감의 태도는 어릴 적부터 학습된 것으로 알려져 있습니다. 특히 어머니의 영향을 많이 받았다고 하는데, 늘 오바마에게 "네가 만약 그런 상황이면 어떤 기분이겠니?"라며 타인의 입장에서 감정을 느끼고 배려할 수 있도록 일깨워 줬다고 합니다. 오바마는 이런 공감의 태도 덕분에 소수인종이라는 핸디캡을 극복하고 대통령선거에서 승리할 수 있었던 게 아닐까요.

공감, 타인의 삶을 그대로 느끼고 사고하는 것

공감이란 '다른 사람의 감정이나 사고를 자신의 것처럼 느끼고 내재화하는 심리적 과정'을 말합니다. 미국의 저명한 자기심리학자이자 현대 정신분석적 정신치료의 대가인 코후트(Heinz Kohut)는 저서 『정신분석은 어떻게 치료하는가?(How Does Analysis Cure?)』에서

"공감이란 다른 사람의 내면의 삶을 그대로 생각하고 느낄 수 있는 능력"이라고 했습니다. 공감 능력이 뛰어난 사람은 '괴롭다', '기쁘다' 등 다른 사람의 감정을 느낄 수 있는 것은 물론이고, 그렇게 괴롭거나 기쁜 이유가 되는 사건이나 상황도 생생하게 느낄 수 있지요. 그저 다른 사람의 감정을 느끼고 생각을 이해하는 정도가 아니라, 실제로 '그 사람'이 되는 것입니다.

이런 공감의 태도는 비단 정신과의사나 대통령에게만 중요한 것이 아닙니다. 관계를 맺지 않고는 살 수 없는 모든 사람들에게 필요하지요. 이해관계가 복잡한 회사라는 조직에서는 보다 더 중요하다고 할 수 있습니다. 배가 아파 아침 회의에 늦은 후배가 있다고 합시다. 이른 아침부터 후배를 기다리느라 회의를 제때 시작하지 못했으니 짜증이 날 겁니다. 하지만 팀장은 후배가 회의실에 들어오자 화를 내기는커녕 자신이 배가 아픈 듯 진심 어린 위로를 건넵니다. 후배는 불안하고 초조했던 마음을 진정시키고 회의에 더 집중하게 됩니다. 더불어 자신을 이해해준 팀장에게 강한 유대감을 갖게 되지요. 자신의 처지를 이해하고 감싸준 사람에게 고마움과 함께 충성도가 높아지는 것은 당연지사입니다.

물론 잘못을 한 후배를 무조건 감싸주라는 뜻은 아닙니다. 간혹 그럴듯한 핑계를 대면서 업무를 게을리하는 사람도 있으니까요. 그럼 어떻게 진짜와 가짜를 구별할 수 있을까요? 놀랍게도 공감 능력이 뛰어난 사람은 진심이 담기지 않은 핑계는 누구보다 잘 구별해

낼 수 있습니다. 거짓은 제아무리 용의주도하게 꾸며내도 불안하기 마련입니다. 공감의 태도는 거짓 평계로 인한 불안과 회의에 늦는 것을 걱정하는 마음을 한눈에 구분할 수 있기 때문입니다.

공감의 심리적·생물학적 원인

심리적으로 공감은 감정을 조절하는 것입니다. 일종의 감정이입(感情移入)인 셈인데, 조금 다른 점이 있습니다. 감정이입이란 다른 사물이나 현상에 자신의 감정을 도입하는 것을 말합니다. 예를 들어, 오 헨리(O. Henry)의 단편 「마지막 잎새」에서 떨어지는 낙엽을 보고 자신의 마지막 운명을 직감하는 주인공이 느끼는 감정과도 같습니다. 그런데 사람마다 감정이 다르기 때문에, 감정이입을 하다 보면 같은 사물을 봐도 다르게 느껴지지요. 우스갯소리로 들릴 수 있겠지만, 청소부에게 마지막 잎새는 그저 귀찮은 잡일거리일지도 모릅니다. 오히려 빨리 떨어지라고 기도할 수도 있겠지요. 하지만 공감은 타인의 입장에서 '이해하는' 것입니다. 그러므로 정확히 공감하려면 자신의 감정에 빠져 있으면 안 됩니다.

가끔 헷갈리기도 하지만, 공감은 동정(同情)과도 다릅니다. 동정과 공감이 모두 상대의 처지와 감정을 잘 느끼는 것이지만, 공감은 상대에게서 아픔을 느끼는 것이지 자기 내부의 경험에서 아픔을 느끼는 것이 아닙니다. 반면 동정의 아픔이란 자신의 경험에서 아폰 감정이 되살아나는 것입니다. 내가 동정을 하면 상대는 보다 강한 유대감을 느끼기도 하지만, 거꾸로 자존심 상해하기도 합니다. 동정은 때론 판단력을 흐리기도 합니다. 우리가 공감을 좋은 태도로 꼽은 이유는, 감정을 통해서 사고방식이나 행동이 합리적이고 발전적으로 바뀌기를 기대해서지요. 하지만 동정으로 변형되면 감각이나 판단력이 흐려질 수 있고, 자칫 비합리적인 사고방식이나 행동을 초래할 수도 있습니다. 동정은 다른 사람을 돕기에는 좋은 아주 이타적인 감정이기는 하지만, 정확히 상대를 이해하는 데는 방해가 될 수도 있습니다. 그래서 동정이 지나치면 도와주고도 욕을 먹는 경우가 있습니다.

공감에는 생물학적인 원인도 있습니다. 인간의 뇌에는 '거울신경세포(mirror neuron)'라는 것이 있습니다. 공감 기능을 담당하는 이 뇌세포는 2002년 프레스턴과 드왈(Preston and De Waal)의 논문에서 발표되었습니다. 원숭이는 땅콩을 집을 때면 일정 영역의 뇌세포가 활성화되는데, 실제로 그 행동을 하지 않고 다른 원숭이가 땅콩을 집는 것만 봐도 똑같이 활성화되는 뇌세포가 있다는 것입니다. 이처럼 다른 대상의 행동을 보기만 해도 거울에 비춘 듯 똑같이 뇌세포가 활성화된다고 해서 거울신경세포라고 부르는데, 동시에 동일한 행위를 한 것처럼 생리적 변화를 유발합니다. 활성화된 거울신경세포 때문에, 마치 자신이 땅콩을 집는 것과 같은 느낌을 갖게 되는 것입니다. 다시 말해서 공감이란 단순한 심리적 과정이 아니라 뇌가 관여하는 생물학적인 과정을 포함하는 것이지요.

아마도 사람마다 공감 능력이 다른 가장 큰 이유는 이 거울신경 세포의 발달 정도 때문일 것입니다. 그렇다면 아무리 노력을 해봤자 공감 능력은 나아지지 않는 것일까요? 그렇지 않습니다. 뇌세포는 더 많이 사용하면 할수록 세포와 세포가 맞닿는 시냅스(synapse)가 더 넓어져서 그 기능이 발달하게 되어 있습니다. 그러므로 공감 능력도 집중해서 연습을 하면 당연히 발달하게 됩니다.

공감이 하는 일

정신과의사에게 공감의 태도는 청진기와 마찬가지이며, 치료의 손길이기도 합니다. 공감이 진단과 치료를 하는 셈이지요. 마음의 병은 몸의 병과 달리 대화를 통해 그 원인을 알아내야 합니다. 그러려면 상대가 하는 말을 진심으로 귀 기울여 듣고, 그 고통을 자신의 것으로 느낄 수 있어야 합니다. 괴로운 심정을 이해하며 듣다 보면, 어느새 상대방도 안정과 평화를 얻기 마련입니다. 그런 공감의 태도를 갖고 있다면 굳이 정신과의사가 아니더라도 사람들은 당신을 찾을 겁니다. 미하엘 엔데(Michael A. H. Ende)의 소설 『모모』에 나오는 꼬마 모모처럼, 상대방의 이야기를 마음을 다해 공감하며 들어주면 사람들은 당신을 찾게 됩니다. 다른 사람의 마음을 열게 하는 것이 바로 공감의 기능이니까요.

공감은 상대의 감정으로 그 사람을 이해하는 태도이므로, 그와 나를 하나로 묶어줍니다. 당연히 둘은 아군이 되지요. 공감하려면 자신의 감정을 버리고 다른 사람의 감정을 보아야 합니다. 행동과 사고도 마찬가지입니다. 가족 중 누군가가 집에 들어와 '쾅' 하고 방문을 닫고 들어간다면, '뭐야, 깜짝 놀랐잖아. 왜 저러는 거야?' 하며 대뜸 화부터 내지 말고, '무엇 때문에 문을 세게 닫았을까?' 하며 공감하기 위해 노력해야 합니다. 끝내 자신의 주장을 굽히지 않는 팀원이 있다면, '뭐 저런 고집불통이 다 있어?' 하며 비난하기보다는 '도대체 무슨 이유로 저렇게 끝까지 주장하는 걸까?' 하며 한 번 더 상대방의 입장에서 생각해보는 것이 공감의 시작입니다.

공감을 받은 사람은 상대의 마음을 느낍니다. 그에게 속마음을 털어놓고 화를 풀며 고집을 버립니다. 만약 동정이라면 어떻게 될까요? '세상에 저런 고집불통이 다 있나! 저러니 사람들이 무능하다고 손가락질하지. 나라도 도와주어야겠군'이라고 생각하겠지요. 물론 동정받는 사람은 좋을지 모릅니다. 동정하는 사람이 자신을 대신해서 짐을 짊어질 테니 말입니다. 하지만 그런 식의 관계는 오래 지속되지 않습니다. 동정은 상대가 짐이 되어 내 어깨를 짓누르지만, 공감은 아군을 만들어 내 짐을 함께 들어줍니다.

공감은 상대도 느낄 수 있는 정서입니다. '당신을 위로합니다' 하는 백 마디의 말을 들을 때보다 '이 사람이 나를 이해하는구나' 하고 한 번 공감을 느끼는 것이 더 큰 위로가 됩니다. 그래서 공감은 상대의 방어벽을 무너뜨릴 수 있습니다. 윽박지르는 사람에게는 입을 닫아버리겠지만, 나를 이해해주는 사람에게는 모든 것을 털어놓을 수 있으니까요.

한 연인이 있었습니다. 둘은 사랑했지만, 어떤 이유로 여자가 남자의 곁을 떠나야 했습니다. 그러나 남자는 미련을 갖고 집착했습니다. 여자는 도망치려고 애를 썼지요. 하지만 그런 그녀를 남자는 놓아주지 않았습니다. 오히려 그녀에게 분노했다가, 용서를 빌었다가, 또 대화를 하자고도 했습니다. 그러던 어느 날 그녀가 그에게 공감하기 시작했습니다. '얼마나 괴롭고 마음이 아플까? 사랑하는 사람을 잃었으니……' 그러자 그가 변했습니다. 이미 돌아선 그녀를 붙잡고 있는 자신의 모습을 제대로 보기 시작했습니다. 공감을 해주자, 이해를 받자, 위로를 얻자, 들끓던 감정은 차분해지고 떠나간 사람의 마음을 놓아주지 못하는 자신의 모습이 보이기 시작한 것입니다. 그렇게 공감을 하자, 그는 떠났습니다.

공감에는 남녀의 차이가 존재할까요? 차이가 없다는 연구도 있지만, 많은 연구에서 여성이 남성보다 공감 능력이 뛰어나다고 합니다. 아마도 여성들은 '관계지향적'이어서 대인관계에서 만족감을 얻기 위해 공감을 중요시하고, 남성은 '목적지향적'이기 때문에 공감의 중요성을 상대적으로 덜 느끼는 것이 아닌가 싶습니다. 하지만 점차 대인관계의 중요성이 강조되는 현대 사회의 조직문화에서 성공과 행복을 위해 남성도 공감을 간과해서는 안 될 것입니다.

거울신경세포와 공감 능력의 관계

공감의 중요성은 공감의 반대 의미를 통해 더 명확히 알 수 있습니다. 공감과 가장 상반되는 의미는 타인의 감정에 공감하지 못하는 '사이코패스(psychopath)'입니다. 연쇄살인범과 같은 무자비한 범죄자들 중 정신감정을 받아보면 '반사회적 인격장애(antisocial personality disorder)'로 진단되는 경우가 있습니다. 반사회적 인격장애란 반복적인 범법행위나 거짓말·충동적인 행동·공격성·안전불감·무책임·양심의 가책이 없는 등의 증상을 보이면서도 피해망상과 같은 정신병적 증상은 없는 환자들을 말합니다. 이중에 사이코패스란 연쇄살인이나 방화 같은 중범죄를 반복적으로 저지르는 경우가 해당됩니다. 사이코패스의 원인은 정확히 드러나지는 않았지만, 대뇌 전두엽에 이상이 있거나 심리적으로 초자아(super-ego)에 이상이 있는 것으로 추정하고 있습니다.

사이코패스에게 다른 사람의 감정이나 고통은 중요한 문제가 아닙니다. 왜냐하면 느낄 수 없기 때문입니다. 일반적으로 다른 사람을 때리고 나면 미안함, 죄책감과 함께 '다시는 그러지 말아야지' 하는 반성이 듭니다. 맞은 사람이 느끼는 고통과 두려움을 공감하기 때문이지요. 더구나 사이코패스들은 통각(痛覺)이 무딥니다. 신체적으로나 감정적으로 통증을 잘 느끼지 못하는 것이지요. 이 무딘 통각이 공감을 더욱 방해합니다. 스스로 아픔을 잘 못 느끼니,

타인도 역시 그러려니 하는 것입니다. 결국 공감의 과정이 제대로 작동되지 않으니, 사이코패스는 연속적으로 사람을 죽이고도 양심의 가책을 느끼지 않는 것입니다.

사춘기의 청소년도 공감 능력이 떨어지는 경우에 속합니다. "나 같은 건 뭐하러 낳았어! 다 엄마 탓이야!" 성적이 떨어져 울고불고 난리가 난 딸아이에게 위로의 말을 건네다 엄마가 봉변을 당합니다. 엄마도 순간 감정이 복받칩니다. 어떻게 기른 자식인데, 그 자식의 입에서 나온 소리가 고작 부모를 원망하는 말이라니, 믿을 수 없습니다. 부모 마음을 갈기갈기 찢어놓는 이야기를 서슴없이 하는 청소년들. 이 경우는 '거울신경세포'가 문제입니다.

거울신경세포는 만 20세가 되어야 발달이 완성되어 정상적인 공감을 하게 됩니다. 그러므로 청소년들의 공감 능력은 아직 완성된 것이 아닙니다. 자신의 말과 행동으로 인해 부모가 느끼게 될 고통을 예측하지 못하는 것이지요. 이럴 때는 매가 약이라고 하는 사람들도 있지만, 체벌을 한다고 뇌세포가 더 빨리 자라지는 않습니다. 그보다는 방황하는 자녀의 불안정한 정서에 공감하는 태도를 보여주는 게 가장 효과적인 방법입니다.

사실 거울신경세포는 사람마다 차이가 있습니다. 사람에 따라 빨리 발달하기도 하고 늦게 발달하기도 하지요. 그래서 빨리 철이 드는 사람이 있고, 뒤늦게 철이 드는 사람이 있는 것입니다. 남녀의 공감 능력 차이도 바로 여기에 원인이 있습니다. 여성이 남성보다 일찍 철이 드는 이유도 거울신경세포 발달의 성별 차이 때문입니다.

그렇다고 거울신경세포 탓만 할 일은 아닙니다. 앞서 이야기했듯이, 평소 공감의 태도를 가지려고 노력하면 거울신경세포의 시스템이 발달할 수 있습니다. 학습을 통해 공감의 능력이 성장하는 것입니다. 문제는 공감의 노력을 게을리하는 경우입니다.

청소년도 아니고, 그렇다고 사이코패스도 아닌 사람들 중에 공감 능력이 부족한 경우가 있습니다. 일례로 인터넷 게시판에 악플을 다는 네티즌이나, 길거리에서 사람이 쓰러졌는데 도와줄 생각은 커녕 스마트폰을 꺼내 사진을 찍거나 녹화를 해서 SNS에 올리기 바쁜 사람들은 자신의 행동이 타인에게 얼마나 큰 고통을 주는지 모르고 있습니다.

사실 이렇게 거울신경세포가 미숙한 사람들이 많아진다는 것은 우리 사회 전체의 문제이며 동시에 사회적 책임입니다. 사이코패스가 넘쳐나는 세상, 생각만으로도 끔찍합니다. 다행인 점은 공감은 학습이 가능한 능력이라는 것입니다. 오바마 대통령의 어머니처럼 아이들에게 어렸을 때부터 다른 사람의 입장이 되어보도록 하는 양육 태도를 지향해야 합니다. 이때 중요한 것은 다른 사람의 입장이란 것은 결코 이득과 손해가 아닌 '감정'이라는 것입니다. 또한 학교에서는 정보가 아닌 정서를 함양할 수 있는 교육에 힘써야겠지요. 더불어 타인과 교감하고 사회 속에서 행복한 삶을 살길 원한다면, 부지런히 거울신경세포를 성장시킬 공감의 태도를 기르기 위해 노력해야 할 것입니다.

한편, 공감과 반대되는 부정적 태도는 '편견'이라고 생각합니다. 편견은 자신만의 감정, 생각, 가치관으로 상대방을 보는 것입니다. 편견을 갖고 있는 사람은 진실을 볼 수 없습니다. 공감의 태도는 사람마다 다른 생각과 감정을 갖고 있다는 것을 인정하는 유연한 사고방식에서 시작됩니다. 이에 반해 내 생각과 다르면 다 틀렸다는 편견은 성공과 행복을 가로막는 부정적인 태도입니다. 공감이 세상을 껴안고 자신의 편으로 만드는 태도라면, 편견은 세상을 적으로 만들기 쉬운 태도입니다.

공감의 태도를 키우는 법

편견이 공감의 반대쪽에 있는 부정적인 태도라면, 편견을 갖지 않는 것이 공감의 태도를 증진시키는 방법이 될 것입니다. 편견은 논리적인 비판이나 구체적인 사실에도 불구하고 자신의 아집에 갇혀 바뀌지 않는 태도를 말합니다. 당연히 호의적이지 않을뿐더러, 상대는 적이 되기 마련이지요.

그렇다면 편견을 버릴 수 있을까요? 안타깝게도 우리 모두 편견을 완전히 버리기는 쉽지 않습니다. 태도는 일종의 판단이기도 하기 때문입니다. 어떤 사물이나 현상에 대해 좋거나 싫다고 선택하는 것이 바로 판단이고, 판단에는 자신만의 가치관이 개입하기 때문입니다. 이렇게 편견을 완전히 버릴 수는 없다 하더라도 가능하면 편견을 줄이는 노력을 해야 합니다. 편견이 줄수록 공감의 태도는 더 커질 수 있습니다.

공감의 태도를 갖기 위해서는 우선 상대의 표현에 관심을 갖고 집중해야 합니다. 표현은 흔히 말이나 글과 같은 언어적 표현이 될 수도 있고, 비언어적 표현인 표정이나 몸짓이 될 수도 있습니다. 그저 관심을 갖고 집중만 잘해도 상대방은 당신이 자신에게 공감한다고 느끼게 됩니다. 그렇게 다양한 감정들과 마주하고 이해하려는 노력을 하다 보면 자신도 모르게 공감의 태도를 갖게 될 것입니다.

Advices for good attitudes

당신이 억울한 일을 당해 손해를 많이 보고 상심했을 때

가장 큰 위안을 주는 사람은

당신을 대신해 복수해주는 사람도,

손해를 다 메워주는 사람도,

힘내라고 맛있는 것을 사주고 토닥여주는 사람도 아닙니다.

당신의 손을 잡고 똑같이 아파하는 사람, 공감하는 사람입니다.

열정

펄펄 끓는 것보다는
따뜻한 차 같은 사람

"도덕적으로 빈곤한 이 시대에 가장 필요한 것은 열정이다."
_파블로 피카소

동시대를 살고 있는 인물 중 최고의 열정 아이콘을 꼽으라고 하면 누구를 선택하시겠습니까? 세상에는 수많은 성공한 사람들이 있고 그들의 공통점 중 하나가 열정이기 때문에 선뜻 한 사람을 정하기는 어렵습니다. 그런데 저는 최근에 한 남자를 최고의 열정 아이콘으로 정해봤습니다.

바로 영화 〈아이언맨〉의 주인공 토니 스타크의 실제 모델인 일론 머스크(Elon Musk)입니다. 그는 민간기업 최초로 우주선을 쏘아 올린 스페이스X, 전기자동차 개발 회사 테슬라모터스, 태양광 발전 업체인 솔라시티 등을 운영하고 있는 '가장 먼저 미래에 도착한 사나이'입니다.

그는 화성 이주를 위한 계획도 발표했습니다. 공상과학영화에서나 보던 일이 현실이 되는 것입니다. 향후 8만 명을 화성으로 이주시켜 화성식민지를 만든다고 합니다. 무모하다고 고개를 젓던 이들도 이제는 모두 그의 도전을 묵묵히 지켜보고 있습니다. 그의 열정은 남다르기 때문입니다. 뜨겁기만 한 게 아니라 차갑기도 하기 때문입니다. 그는 위기가 최고조에 달했을 때조차 목표에 집중하는 능력을 갖고 있는 것으로도 유명한데, 바로 열정의 온도를 조절할 줄 아는 것입니다.

그의 아내는 자서전에서 자신의 남편에 대해 이렇게 말합니다. "일론은 스스로 원하는 일을 치열하게 실행합니다. 그것이 일론의 세계이고 우리는 그 세계 속에서 살아갑니다." 그가 만들어갈 세상도 궁금하고 그의 열정의 끝이 어디인지도 궁금합니다.

열정(熱情)은 '어떤 일에 열렬한 애정을 가지고 열중하는 마음'입니다. 살다 보면 누구나 한두 번 어떤 특정한 일이나 사람 또는 사물에 자신의 모든 것을 걸 때가 있습니다. 하나에 몰두해 지치지도 않습니다. 힘들 것 같지만 기분은 훨씬 더 들뜨지요. 인간의 삶에서 열정처럼 큰 에너지원을 찾기도 쉽지 않습니다.

무엇이 인간을 열정적이게 하는가

모든 태도는 어느 정도 타고나기도 합니다. 열정도 마찬가지입니다. 남들보다 빨리 뜨거워지는 사람들이 있지요. 그렇지만 그런 사람들만 열정적으로 살아갈 수 있는 것은 아닙니다. 누구에게나 열정의 불씨는 존재합니다. 열정은 쾌락의 본능과 함께하기에 언제든 우리 속에서 타오를 수 있습니다. 그렇다면 무엇이 인간을 열정적으로 만들까요? 어떻게 하면 열정의 불씨를 꺼뜨리지 않고 활활 타오르게 할 수 있을까요?

열정적인 태도를 유지하기 위해서는 열정의 감정적 측면과 이성적 측면을 잘 이해하고 활용해야 합니다.

우선 즐거워야 합니다. 사람은 누구나 감정적으로 기쁜 일에 쉽게 열정을 가지고, 기왕이면 즐거운 것에 더 열정을 느낍니다. 먹고살기 위해 식당 주방에서 요리를 하는 사람과 요리 자체가 즐거워서 푹 빠져 사는 사람은 그 열정의 온도 자체가 다릅니다. 요리를 업으로 하면서 요리가 즐거운 사람이라면, 틀림없이 열정적인 태도로 성공적인 직업생활을 할 수 있을 것입니다. 요즘 셰프들의 활약상이 대단합니다. 그들의 '업'에 대한 열정이 직업에 대한 이미지를 바꾸고 사회적 관심까지 불러일으킨 것입니다. 이처럼 열정의 태도는 그것을 갖고 있는 사람뿐 아니라 주변 사람들까지 즐겁게 하고 새로운 세상을 경험하게 합니다.

또한 열정은 이성적인 측면이 있습니다. 사람은 당연히 현실적으로 자신에게 이익이 되는 목표에 더 열정적입니다. 그 목표라는 것이 누가 봐도 좋은 것이라면 열정은 더욱 커질 수 있겠지요. 지구의 환경과 에너지 문제를 해결하겠다는 사명감, 민간인 최초로 우주 로켓을 개발하겠다는 야심으로 천문학적인 재산을 투자한 일론 머스크도 마찬가지입니다. 그런 행동이 스스로에게도 득이 된다고 생각할 수 없다면, 성공과 실패를 거듭하고 숱한 비난을 무릅쓰면서 앞으로 나아갈 수 없습니다. 자기만족이 없다면 행복을 느낄 수 없을 테니까요. 그러므로 이성적인 판단으로 자신을 위하고, 또한 남들의 지지를 얻을 수 있는 목표를 설정하는 것이 열정적인 태도를 유지할 수 있는 비결이라고 할 수 있습니다.

열정을 갉아먹는 게으름과 집착

열정은 어떤 어려움이 닥쳐도 포기하지 않고 끝까지 해내게 합니다. 제아무리 간절한 희망과 거창한 목표가 있다 하더라도, 열정이 없다면 그 힘든 과정을 모두 감당해내기란 쉽지 않습니다. 즉, 성공적인 끝맺음을 위해서는 반드시 열정의 태도가 기반 되어야 합니다.

그렇다면 열정의 온도를 떨어뜨리는 것은 무엇일까요? 바로 '게으름과 집착'입니다. 요즘은 오히려 게으름이 건강과 행복에 더 도움이 된다고 합니다. 경쟁과 속도를 최고의 가치로 여기는 현대 사회에서 게으름은 엄마의 품과 같습니다. 인간을 인간 되게 하지요. 하지만 게으름을 즐기는 것과 게으른 태도는 별개의 문제입니다. 게으름을 즐기기 위해서는 역설적으로 경쟁과 속도의 틈바구니에 빠졌던 경험이 있어야 합니다. 그런 압박감에 힘겨워해본 적이 있어야 게으름의 가치를 알 수 있습니다.

게으른 태도는 느긋한 태도와도 다릅니다. 느긋한 사람에게는 미래가 있습니다. 기다림과 여유가 보이지요. 하지만 게으른 사람에게는 미래가 없습니다. 무관심과 지루함만이 존재하지요. 힘겹게 살아온 날들을 돌아보며 올레길을 느긋하게 걷는 사람과 어디도 가기 귀찮아서 신세타령을 하며 터벅터벅 힘겹게 발걸음을 떼는 사람은 다릅니다.

게으름과 느긋함이 다르듯, 열정과 집착도 엄연히 다릅니다. 열정은 감정적 요소와 이성적 요소를 동시에 갖고 있어야 진정 좋은 태도로서 빛을 발합니다. 그런데 집착은 감정적으로는 열정과 유사할 수 있지만, 이성적으로는 전혀 다릅니다. 현실적이지 못한 판단으로 일이나 사람에게 집착한다면, 그 감정은 비록 열정처럼 뜨겁지만 나와 상대를 괴롭힐 뿐입니다. 사랑하는 사람에게 모든 것을 헌신하는 것은 열정이지만, 이미 떠나버린 사람을 스토킹하는 것은 집착입니다. 즐거움은 없고 오직 고통만 존재합니다.

조심해야 할 열정의 이중성

열정이 삶의 큰 에너지원이 되는 것은 그 속성 때문입니다. 열정은 쾌락적입니다. 남들이 아무리 말려도 그 자체가 즐겁기 때문에 멈출 수 없습니다. 쾌락은 인간에게 그 무엇보다 큰 동기가 됩니다. 쾌락 추구가 인간의 본능임을 드러내는 것이 금기시되던 시절, 열정은 신들의 영역이었습니다. 아무나 가질 수 있는 태도가 아니었지요. 지금은 어떤 일에 자신의 모든 것을 쏟아부으면서 행복을 느끼는 사람들의 태도를 '열정적'이라고 일컫지만, 역사적으로 열정(enthusiasm)은 본래 신에 의해 간택된 사람들만의 특권이었습니다.

즉, 종교적인 영역에 한정되어 있었습니다.

열정의 또 다른 영어단어인 passion에도 종교적인 의미가 있습니다. 이는 예수의 수난을 의미하지요. 유다에 의해 로마군에게 체포되어 골고다 언덕의 십자가에 못 박혀 죽을 때까지 예수가 겪은 갖은 박해와 고난을 passion이라고 합니다. 성직자 한 분께 "왜 열정이 수난입니까?" 하고 여쭸더니 "열정은 고통이라는 저항을 부릅니다"라고 답하시더군요. 맞는 말씀입니다.

물론 enthusiasm은 이성적으로 목표를 갖고 최선을 다하는 열정을, passion은 감정적 몰입 상태를 이야기하지만, 둘 다 고통을 동반합니다. 인간의 가장 큰 에너지원인 열정은 잘못 다루면 크게 아플 수도 있다는 뜻이지요.

모든 쾌락이 그렇듯이 열정도 중독되기 쉽습니다. 처음에는 목표를 갖고 뜨겁게 달리지만, 나중에는 어디로 가는지도 모르고 그저 달리는 것 자체에 몰두하게 됩니다. 중독이 되면 이성적인 판단력을 잃게 됩니다. 그래서 실패하기도 쉽지요. 열정의 특성상 실패에 대한 대가도 엄청납니다. 모든 것을 걸었기 때문에 그만큼 잃는 것이 많은 것이지요. 그런데 유심히 살펴보면, 열정적으로 어떤 일을 하다가 실패를 경험한 사람들의 실패에 대한 아픔은 그리 커 보이지 않습니다. 오히려 열정을 잃은 금단의 고통이 더 심각해 보입니다. 마치 약물중독자가 파탄의 지경에 이른 비참함보다는 금단증후군을 더 힘들어하는 것과 같습니다.

열정이 지나쳐서 큰 대가를 치러야 했던 한 남자가 병원을 찾아왔습니다. 증권사에서 인턴으로 근무한 경험이 있는 그는 평소에도 재테크에 관심이 많았습니다. 현장에서 실무경험까지 쌓게 되자 나름의 분석과 투자 타이밍으로 짧은 기간 적지 않은 돈을 벌었습니다. 대학 졸업 후 여러 가지 사정으로 증권사에서 근무할 수는 없었지만, 그의 주식투자에 대한 열정은 식을 줄 몰랐습니다. 그의 투자 성공담도 주변에 소문이 나기 시작했지요. 그럴수록 관심은 회사 업무가 아닌 코스피의 등락으로 쏠렸습니다.

어느 날 그는 회사에 사표를 던졌습니다. 1년간 투자수익률이 300퍼센트에 달하니 호기를 부릴 만도 했지요. 그는 전문적인 개인투자자가 되어 지인과 친인척들의 자금까지 관리하게 되었습니다. 투자를 시작할 당시 주식시장은 좋았습니다. 그의 분석력은 더 예리해져갔습니다. 그러나 실패하고 말았습니다. 열정의 온도를 제대로 다스리지 못했기 때문입니다.

근무 중에 상사의 눈치를 보면서 모니터로 주가를 분석할 때는 매매 타이밍에 냉정해질 수 있었습니다. 그러나 투자가 업이 되고 나니 냉정을 유지할 수 없었습니다. 남의 자금까지 끌어들였으니 그에 대한 부담감도 만만치 않았을 것입니다. 늘 긴장하고 흥분이 되어 잠도 제대로 자지 못하자 신체적 밸런스가 무너지면서 판단력까지 흐려졌습니다. 결국 그는 자신뿐 아니라 투자자들에게도 큰 손해를 남긴 채 심한 불면증과 우울증으로 정신과 치료를 받게 되었습니다.

열정은 무섭습니다. 마치 뜨거운 용광로처럼 무서운 기세로 모든 것을 집어삼킵니다. 그는 신용은 물론이고 주변 사람들까지 모두 잃고 건강마저 악화되었지만 투자에 대한 열정은 식지 않았습니다. 열정이 집착이 되어버린 것입니다.

열정을 조절하는 법

주변을 돌아보면 '열정중독'에 빠진 사람들이 있습니다. 알코올 중독 환자들이 술만 마시면 평소와는 달리 기분이 들떠서 말이 많아지거나 폭력적으로 변하거나 자신이 저지른 언행을 전혀 기억하지 못하는 것과 마찬가지로, 열정중독에 빠지면 지나치게 긍정적이고 에너지가 넘치며 목표지향적으로 변합니다. 주변에서 아무리 만류해도 자기주장을 굽히지 않습니다. 지치지도 않으니 설득을 포기할 수밖에 없습니다. 열정중독에 빠진 사람들은 일단 목표가 정해지면 피해를 당하는 사람들이 있어도 밀어붙입니다. 하지만 알코올 중독의 종말이 정신과 육체의 파멸이듯, 열정중독 역시 인생 파멸의 길로 치닫습니다. 에너지가 바닥을 보이게 되면 결국 삶 자체가 피폐해집니다. 그 과정에서 곁에 있던 사람들도 하나둘 떠납니다. 외롭고 불행한 삶을 살 수밖에 없겠지요.

열정이 무서운 이유는 이 중독에서 빠져나오기가 쉽지 않기 때문입니다. 희망과 기대에 들뜬 기분은 일종의 쾌락이기 때문에 쉽게 잊을 수가 없습니다. 더군다나 다른 중독과 마찬가지로 금단증후군이 있습니다.

추운 겨울을 따뜻하게 지내게 해주는 벽난로를 효율적으로 사용하려면, 가끔은 불을 끄고 식혀주어야 합니다. 타고 남은 재도 치우고 연통 청소도 해주어야 하지요. 무턱대고 장작만 태우다가는 효율이 떨어지고 끝내는 고장이 나게 되어 있습니다. 물론 추운 겨울에 청소를 하려고 벽난로의 불을 끄는 게 쉽지는 않습니다. 따스함에 익숙해진 몸은 겨울은 물론이고 봄날의 가벼운 추위에도 살이 에이는 것같이 느껴질 겁니다. 하지만 견디다 보면 어느새 우리 몸은 추위에도 어느 정도 적응합니다.

열정도 마찬가지입니다. 만약 삶 전체를 쉼 없이 열정적으로 산다면 우리는 오래 살 수 없을 것입니다. 열정의 에너지는 신체에도 영향을 미치기 때문이지요. 각성된 신경세포와 호르몬들은 심장의 박동을 강렬하고 빠르게 유지하며 온갖 감각기관을 예민하게 다듬어놓습니다. 대뇌 신경회로는 많은 산소와 당분을 소모해 쉽게 늙고 지칩니다. 열정 때문에 큰 병을 얻거나 조로(早老)할 수도 있는 것이지요. 그래서 열정 뒤에는 깊은 휴식이 필요합니다. 중독을 이겨내기 위해서라도 벽난로를 청소하듯 잠시 휴식과 이완의 시간을 가져야 합니다.

열정이 뜨거웠을수록 불안은 더 깊어집니다. 불안해하다 보면 모든 것을 잃어버릴 듯 걱정이 밀려옵니다. 이때는 기다림이 약입니다. 추위에 적응이 되듯 기다림 속에서 불안은 자연스럽게 가라앉습니다.

결국 열정을 좋은 태도로 사용하는 가장 핵심적인 키는 '조절'입니다. 음식을 할 때 불의 온도를 적절히 조절해야 하듯 열정의 온도도 조절해야 합니다. 열정에 중독되어 삶을 파괴하지 않으려면, 현명하게 열정을 조절해야만 합니다.

끝으로 주변과의 관계를 잘 살펴야 합니다. 열정은 남들에게도 영향을 미칩니다. 난로처럼 주위를 따스하게도 하지만, 폭탄처럼 터져 주위 사람들을 다치게 하는 경우도 있습니다. 자신의 가슴을 뛰게 하는 일에 물불 가리지 않고 뛰어들 수 있는 감성과 그 일이 주변 사람들에게도 긍정적인 영향을 미치는 일인지를 판단하는 이성, 이 두 가지가 조화를 이룰 때 열정의 태도는 당신을 행복하게 할 것입니다.

Advices for good attitudes

열정은 내뿜는 불꽃만큼이나 다루는 손길이 중요합니다.

세상을 집어삼킬 듯한 열정을 가지고 있어도,

제대로 사용하지 못하면 자신과 사랑하는 사람들을 다치게 합니다.

열정의 불꽃을 다스리는 자, 세상을 지배할 것입니다.

자부심

잘난 척하지 않지만
사실은 잘난 사람

"인간이 가진 본성 중 가장 깊은 자극은
'중요한 사람'이라고 느끼고 싶은 욕망이다."
_존 듀이

미란다: 우리 회사에서 무슨 일을 할 수 있지?

앤드리아: 음…… 비서로서 잘할 수 있습니다. 그리고 실은…… 기자가 되고 싶어서 뉴욕에 왔습니다. 여기저기 이력서를 보냈는데요, 마침 연락이 왔어요. 솔직히 말씀드리면, 패션계는 처음이에요.

미란다: (정직한 답변이 마음에 든 듯) 그럼, 《런웨이》는 읽어본 적 없어?

앤드리아: 네.

미란다: 그럼, 전에 내 이름을 들어본 적도 없겠네?

앤드리아: 네.

미란다: 스타일이나 패션감각은 없겠군.

앤드리아: 음…… 그것은 앞으로 어떻게 하느냐에 달린…….

미란다: 아니야. 물어본 것이 아니야.

앤드리아: 전 노스웨스턴대학교 신문 편집장이었고, 또 대학 기자 경연에서 상을 탄 적도…….

미란다: 그만.

앤드리아: (황당해하며 방을 나가다가 돌아서서는) 네, 맞아요. 그래요, 난 이 회사에 맞지 않네요. 난 마르지도 않았고 글래머도 아니에요. 패션에 대해서는 아는 것이 없지요. 그렇지만 난 똑똑하단 말이에요. 일도

빨리 배우고 열심히 일한단 말이에요.

2006년 우리나라에서도 개봉되어 많은 사랑을 받은 〈악마는 프라다를 입는다〉의 한 장면입니다. 똑똑하고 아름답고 젊은 기자 지망생이 패션권력의 중심에 있는 편집장과 함께 일을 하며 그녀를 닮아가지만, 결국 그녀와는 다른 길을 걷게 된다는 내용이지요. 이 이야기의 주제를 떠나서, 극중 두 여자의 자부심은 정말 대단해 보입니다.

비록 영화 속이지만, 우리나라나 미국이나 취업하기 어렵기는 마찬가지인가 봅니다. 여기저기 신문사와 잡지사 기자직에 지원했지만 번번이 고배를 마신 앤드리아 삭스. 결국 마음에 들지는 않지만, 패션잡지사의 비서직에 지원합니다. 그렇지만 워낙 패션과는 거리가 먼 그녀였기 때문에, 회사 측에서 보자면 별 쓸모없는 인재였는지도 모릅니다. 당연히 면접에서 반응이 시큰둥할밖에요.

하지만 앤드리아는 자신을 무시하는 편집장에게 끝까지 할 말을 다 합니다. 아마 마음속에서는 이렇게 외쳤겠지요. '난 말이지, 명문대학 출신이라고. 더 중요한 건 그 학교의 신문 편집장 출신이란 말이야. 최고의 기자가 될 사람이란 말이지!'

다행히 그녀의 자부심을 높게 산 편집장이 그녀를 비서로 뽑습니다. 물론 이 자부심은 나중에 앤드리아가 편집장에게 화려한 제안을 받고도 거절하고 자신만의 길을 걷게 하는 힘이 되기도 합니다.

또 한 사람, 엄청난 자부심으로 똘똘 뭉친 사람이 바로 편집장 미란다입니다. 중간에 이런 에피소드가 있습니다. 미란다가 비슷하게 생긴 벨트 두 개를 놓고 어떤 것이 화보 콘셉트에 어울릴 것인가를 고민하는데, 분위기 파악 못한 앤드리아가 그만 웃음을 터뜨렸습니다.

미란다: 뭐가 웃기지?

앤드리아: 아뇨, 아무것도 아닙니다. 제가 보기에는, 그냥 둘 다 비슷해 보여서요. 전 아직 이런 것들에 대해 잘 몰라서…….

미란다: 뭐라고, 이런 것들? 좋아, 패션이란 것이 너랑은 상관없다고 생각하나 본데…… 어디, 예를 들어볼까? 음…… 오늘 네가 고른 옷을 보자. 보풀이 가득 일어난 푸른색 스웨터구나. 그걸 입으면, 사람들이 대단히 심오한 사람으로 본다고 생각하나 보지. 하지만 그건 단순한 푸른색이 아니란 것은 모를 거야. 그건 청록색도 아니고 군청색도 아니지. 정확히 말하자면, 짙은 하늘색이야. 당연히 모를 테지만, 2002년 오스카 드 라 렌타(Oscar de la Renta)의 짙은 하늘색 가운 컬렉션이 있었지. (……) 결국 그 짙은 하늘색은 수백만 달러의 가치와 셀 수 없이 많은 일자리를 창출해냈어. 웃기지 않아? 패션이랑은 상관없다는 네가, 이 방에 모인 패션계 사람들이 '이런 것들' 사이에서 선택한, 바로 그 스웨터를 입고 있다는 사실 말이야!

벨트를 고르는 시간과 공간은 미란다에게는 매우 중요했습니다. 앤드리아는 그녀만의 권위적인 공간에서 자부심에 상처를 준 것이지요. 아마 그녀의 생각은 이랬겠지요. '감히 네가 패션을 우습게 봐! 패션은 대단한 거라고. 그리고 나는 최고의 패셔니더야!'

자부심이란 무엇일까

자부심(自負心)이란 '자기 자신 또는 자기와 관련되어 있는 것에 대하여 스스로 그 가치나 능력을 믿고 당당히 여기는 마음'입니다. 그저 잘난 척하는 마음과는 다릅니다. 나를 믿는 '자기신뢰'와 나를 중요하게 여기는 '자기존중'이 합쳐진 것이지요.

앤드리아 삭스를 봅시다. 그녀는 비록 입사 면접에서 형편없다는 평을 들었지만, 스스로 훌륭한 기자가 될 것이라는 자부심을 갖고 있었습니다. 그녀의 자기신뢰는 어디에 근거한 것일까요? 과거 대학시절 학교신문 편집장 경력과 상을 받은 경험이 스스로 그럴 만한 능력이 있다고 믿게 된 이유 중 하나겠지요. 그녀의 자기존중은 주눅 들지 않은 표현에서 찾을 수 있습니다. 만약 자기폄하에 익숙한 사람이었다면, 미란다의 평가(패션에 무지하니 패션지에는 안 어울려!)에 대해 별 반응이 없거나, '그래 내가 그렇지 뭐'라고 반응했을지도 모릅니다. 그렇지만 스스로를 존중하는 그녀는 다르게 반응합니다. '아무도 날 무시 못해! 난 최고가 될 거니까.'

자부심은 시련을 견뎌내는 마법과 같은 힘이 있습니다. 크게 두 가지 역할을 하기 때문이지요. 우선은 자기방어의 수단이 됩니다. 그리고 자기홍보의 역할도 합니다.

자기방어는 심리적인 방어를 말합니다. 다른 사람이 당신을 무시하려 할 때 그러지 못하게 하는 것이지요. 미란다가 '푸른색'에 대한 설명을 하는 것과 같습니다. 물론 앤드리아는 처음부터 미란다의 적수가 되지 못하지만, 그 사건으로 앤드리아는 더 이상 미란다에게 반항하지 못하게 됩니다.

한편, 앤드리아가 자기는 훌륭한 기자가 될 재목이라고 강변하는 것은 일종의 자기홍보인 셈이지요.

자신의 일에 강한 자부심을 가진 사람들은 그 자체로 자기홍보 효과를 얻기도 합니다. 제가 좋아하는 초밥집이 있습니다. 그 집은 음식값이 만만치 않기도 하지만 아무 때나 갈 수도 없습니다. 흔히 '닷치'라고 부르는 테이블이 고작 아홉 개뿐이어서 손님은 예약제로만 받습니다. 어느 날 저녁, 약속시간에 맞추어 식당에 들어서니 우리 일행의 테이블을 빼고는 다섯 개의 테이블이 다 비어 있었습니다. 예약 손님이 갑자기 약속을 취소한 모양이었습니다.

그런데 지나가던 손님 서너 명이 가게에 들어와 식사를 할 수 있냐고 묻자, 셰프는 "오늘은 초밥을 드실 수 없습니다"라고 답했습니다. 의외의 대답에 점잖아 보이는 손님이 다시 "이 자리 예약이 있나요?"라고 되묻자, 셰프는 "아닙니다. 그 자리 손님은 오늘 오시지 않지만, 영업방침상 예약을 하지 않으면 드실 수 없습니다. 죄송합니다"라고 답하는 게 아닙니까. 손님이 겸연쩍어하며 나간 후 저는 굳이 그렇게까지 할 필요가 있느냐고 셰프에게 물었습니다.

그의 대답은 대략 이랬습니다. 만약 예약을 하지 않은 손님을 받으면, 다음에도 또 그런 일이 생길 테고, 그러다 보면 예약만 받아서 준비한 최상의 재료로 만든 초밥을 제공한다는 가장 중요한 룰이 깨진다는 것입니다. 그것은 최고의 음식만을 대접한다는, 요리사로서 자신과의 약속을 깨는 일이라는 얘기지요. 셰프의 그 자부심 덕에 지금 그 초밥집은 유명 레스토랑이 되었습니다.

자부심을 드러낼 때 경계해야 할 것, 자만심과 소심함

자부심도 지나치면 독이 됩니다. 자부심은 상대에게 신뢰를 주기도 하지만, 지나치면 고집불통에 잘난 척하는 인간으로 비칠 수 있습니다. 대인관계에서는 신뢰만큼이나 양보와 협력이 필요합니다. 관계의 초기에 신뢰는 상대방에게 호감으로 작용하지만, 관계가 지속되면 서로를 배려하는 태도가 더 큰 역할을 합니다. 그래서 신뢰는 초지일관 변함이 없어야겠지만, 자부심은 때론 굽힐 줄도 알아야 합니다.

사람은 자부심이 높은 상대에게 믿음을 느끼고 복종하고 싶은 마음이 들지만 (이득을 얻을 확률이 높으니까요), 동시에 자신의 의견과 생각을 존중받고 싶어 합니다. 그러므로 자부심이 높을수록 유연한 태도를 견지해야 합니다.

또 지나치게 자기홍보에만 열을 올리면 의심을 사기 쉽습니다. 그럴 경우 자칫 자부심은 그저 잘난 척으로만 비칠 뿐입니다. 오히려 적만 더 만드는 꼴이 되지요. 처음부터 자부심을 다 드러낼 필요는 없습니다. 상대가 내게 소중한 사람이라면, 연속되는 만남 속에서 충분히 자신을 드러낼 기회는 얼마든지 있을 테니까요.

반대로 소심함도 좋지 않은 태도입니다. 물론 일상생활이나 직업생활에 지장이 없는 정도의 소심함은 문제 될 것이 없습니다. 또 과거에는 자존심 세우며 자기주장을 하는 사람보다는 뒤로 한 걸음 물러나는 소심한 사람이 큰 어려움 없이 살던 시절도 있기는 했습니다. 하지만 요즘처럼 경쟁이 살벌한 세상에서 소심함은 스스로의 가치를 떨어뜨립니다.

자부심은 어떻게 만들어지는가

자신을 최고로 대접하는 사람은 다른 사람들에게도 그런 대접을 받습니다. 캐나다의 저명한 심리치료사 너새니얼 브랜든(Nathaniel Branden)은 자신의 저서 『나를 믿는다는 것(How to raise your self-esteem)』에서 성공을 위한 단 한 가지 조건으로 '자부심'을 꼽았습니다. 그렇다면, 자부심 가득한 태도는 어떻게 만들어질까요?

자부심은 다른 긍정적인 태도와 마찬가지로 부모의 양육 태도에서 많은 영향을 받습니다. 부모가 아이의 행동에 대해 많이 칭찬하고 인정해주면, 다시 말해서 긍정적인 반응을 보여주면, 아이는 스스로를 쓸모 있는 인간으로 인식하게 됩니다. 이러한 인식이 바깥세상에 대해 긍정적인 태도를 갖게 합니다. "너 참 잘한다. 대단한 걸!"이라는 칭찬은 성장 과정에 내재화되어서 스스로를 존중하고 자신감을 갖게 하는 힘이 됩니다.

문제는 그러지 못한 경우에 발생합니다. 좋은 행동에도 아무런 반응을 해주지 않거나 나쁜 행동만을 처벌하는 양육 방식을 지향하면, 아이는 자부심을 잃게 될 가능성이 높습니다. "넌 왜 늘 그 모양이니? 정말 형편없구나"라는 질책은 아이를 소심한 사람으로 자라게 합니다.

그렇다면 후천적인 노력으로도 자부심을 만들 수 있을까요? 가능합니다. 너새니얼 브랜든은 '그대로의 자신을 받아들이고 과거를 잊고 새로운 미래를 창조하라'고 조언합니다. 내게 문제가 있다면, 자부심이 부족하다면, 일단은 그 사실을 받아들이는 것이 중요합니다. 비록 그 시발점이 과거에 있다 하더라도 그것에 얽매이지 말아야 합니다. 우리에게 과거란 미래로 가기 위해 들여다보는 거울일 뿐입니다. 새로운 미래를 위해 스스로에게 힘을 불어넣어야 합니다. 스스로를 토닥이며 칭찬해주어야 합니다. 그리고 잘 살펴보십시오. 누구에게나 장점은 있습니다. 그 장점을 기초로 보다 발전된 미래를 그려보며 스스로를 아끼고 존중한다면 자부심은 분명 커질 것입니다.

그리고 잊지 마십시오. 태도만 강조하고 능력을 키우는 일에 소홀해서는 안 됩니다. 능력 없는 자부심은 그저 허영일 뿐입니다.

Advices for good attitudes

열등감 또는 콤플렉스는 서글픈 비처럼 온몸을 무겁게 합니다.

그 비를 맞고만 있어서는 안 됩니다.

자부심의 우산을 펴십시오.

절망의 비가 그치고 희망의 햇볕이 들 때까지 말입니다.

자기애

자기 자신과 친구가
될 수 있는 사람

"자기 자신과 사랑에 빠진 사람은 적수가 없다."
_벤저민 프랭클린

스스로에게 너무 엄격한 잣대를 들이대는 사람들이 있습니다. 타인의 실수나 잘못은 '그럴 수도 있지'라고 받아들이면서 자신의 잘못은 용납하지 못하는 것입니다. 남들이 보기에는 부족한 점이 없는 것 같은데, 정작 자신은 모든 것이 불만족스럽고 자기폄하가 일상적인 사람들입니다.

그런데 이런 사람들은 유독 타인의 사랑에 집착합니다. 하지만 타인을 향한 사랑은 영원하지 않습니다. 그런 사랑은 이별을 전제로 한 격정적인 감정일지도 모릅니다. 타인을 향한 사랑만 좇다 보면, 다시 자신을 별 가치 없는 사람이라고 생각하게 됩니다. 그런 연애는 자신은 부족한 사람이라는 것을 고백하고 하루하루 버림받을까 두려워하는 지긋지긋한 고문과도 같습니다.

하지만 스스로를 사랑하는 '자기애(自己愛)'는 영원할 수 있는 사랑입니다. 아무리 지겨워도, 아무리 미운 짓을 해도, 아무리 못났어도 '나'와는 절대 헤어질 수가 없으니까요. 평생 함께할 수밖에 없는 운명인 것입니다. 이렇게 결코 변치 않을 사랑임에도 우리는 자기 자신을 사랑하는 데 인색합니다. 자기를 사랑하지 않으면서 남에게 사랑받기란 불가능한데 말입니다.

자신을 사랑하는 데 인색한 이유

그렇다면 자신을 사랑하지 않는 이유는 무엇일까요? 첫 번째는 주어와 목적어가 헷갈려서입니다. 애인을 사랑하든, 책을 사랑하든, 술과 노래를 사랑하든, 사랑에는 대상이 있습니다. '사랑하다'는 타동사니까요. 그런데 '내가 나를 사랑하는' 자기애는 주어와 목적어가 하나입니다. 헷갈리고 어색할 수도 있겠지요. "나는 나를 사랑해"라고 자연스럽게 이야기하기는 쉽지 않습니다.

두 번째는 부모의 역할 때문입니다. 스스로를 사랑하기 위해서는 부모에게서 많은 사랑을 받아야 합니다. 여기서 사랑이란 비단 심리적인 측면만 이야기하는 것이 아닙니다. 기분이 좋지 않을 때 얼러주고 기분 좋아지라고 함께 웃어주는 심리적 보살핌은 물론이고, 배가 고프면 먹을 것을 주고 추우면 따뜻하게 감싸주는 생물학적 보살핌을 통해서 스스로 가치 있는 존재라고 느끼게 됩니다. 이처럼 '나는 사랑받을 만한 가치가 충분한 아이야!'라는 생각을 가져야 스스로를 사랑할 수 있는 것입니다. 만약 부모의 충분한 사랑을 못 받는다면, 아이들은 자신을 무가치하게 느낄 것이고 당연히 스스로를 사랑할 동기도 얻지 못하게 되는 것이지요.

또한 부모에게 사랑을 많이 받으면 이 세상이 안전하다는 생각을 갖게 됩니다. 정서적으로도 안정이 되지요. 반면 애정결핍이 지속되면 '애착장애'를 겪게 되는데, 극단적으로 다른 사람들과의 관계에 관심을 보이지 않고 고립된 생활을 하거나, 또는 지나치게 관계에 몰두하여 비정상적인 관계를 형성하게 됩니다.

이처럼 부모의 사랑 없이는 자기애는 물론이고 건강한 대인관계를 형성하기가 어렵습니다. 물론 노력을 통해 극복할 수는 있지만 쉬운 일은 아닙니다.

세 번째는 다른 사람과 비교하기 때문입니다. 남들에게는 관대한 편이지만 스스로에게는 혹독한 사람들의 경우, 자신을 평가절하하니 사랑하기가 쉽지 않습니다. 오히려 비난하고 깎아내려 자신감을 잃기 일쑤입니다. 자꾸 비교하다 보니 다른 사람의 눈치를 보게 됩니다. 피상적이고 외적 가치를 중요시하는 요즘, 다른 사람들의 평가가 예전보다 훨씬 중요해졌습니다. 그래서 자신에게 집중하기보다는 상대의 눈치를 살피게 됩니다. 남들보다 더 사랑받을 구석이 있음에도, 남들이 관심 없다는 이유만으로 자신을 사랑하지 못합니다. 하지만 자신이 먼저 자신을 사랑하지 않으면서 타인으로부터 사랑받기란 불가능합니다.

자존감과 자기애

자기애와 함께 자존감 또한 세상을 살아가는 데 중요한 태도 중 하나입니다. 요즘 사람들에게는 제일 중요한 태도라고 해도 과언이 아니지요. 그런데 놀랍게도 우리 주변에는 자존감이 약한 이들이 많습니다.

자존감에 문제가 있다는 이야기는, 조금 과장해서 말하면 세상을 살아가는 의미를 느끼지 못하고 있다는 뜻이기도 합니다. 우리는 왜 사는 걸까요? 결국 행복해지기 위해서 삽니다. 여러 가지 태도에 관심을 갖는 것도 모두 행복해지기 위해서지요. 그렇다면 도대체 누굴 위해 행복해지려는 겁니까? 당연히 자신이겠지요. 하지만 자존감이 없다면, 행복의 목적이 없는 셈입니다. 아름다운 보석을 사고 싶고, 멋진 차를 몰고 싶은 것도 모두 나를 위한 것이어야 합니다. 물론 다른 사람이 보기에 좋은 것 또한 선택의 한 기준이긴 하지만, 남들의 선호만으로 자신의 삶을 선택할 수는 없지 않을까요.

자기애와 자존감은 비슷한 것 같지만 약간 다릅니다. 자존감은 자신을 존중하는 마음입니다. 사랑이 '감정'이라면 존중은 '이성'입니다. 사랑은 책임지지 않지만, 존중은 존중하는 사람과 존중받는 사람 모두 책임을 져야 합니다. 그래서 연애의 핵심은 사랑이고, 결혼의 핵심은 존중입니다.

행복을 지향하는 삶의 관점에서 자기애와 자존감은 의미상의 차이는 있더라도 그 가치는 둘 다 절대적입니다. 사랑하는 사람과 결혼해야 행복의 가능성이 높아지는 것처럼, 스스로를 사랑하는 사람이야말로 진정으로 자기를 존중할 수 있고 더 행복해질 수 있습니다.

자기애적 태도가 삶에 미치는 영향

나를 사랑하지 않고는 다른 사람을 사랑할 수도, 또 다른 사람에게 사랑받을 수도 없습니다. 나를 사랑하지 않는 삶은 말 그대로 껍데기에 불과합니다. 애정결핍을 호소하며 다른 사람에게 사랑을 갈구하는 이들이 대개 그런 경우입니다. 그들은 짓누르는 외로움과 쓸쓸함에서 벗어나고자 늘 다른 사람의 사랑에 집착합니다. 하지만 일시적인 해방감은 있을지 몰라도 근본적인 해법이 아니므로 다시 절망감에 빠지기 쉽습니다. 애정결핍은 스스로를 사랑해야만 해결될 문제입니다.

자기애적 태도는 절망과 고난을 이기는 힘이 됩니다. 상처받은 자신을 어루만지는 치유의 힘도 있습니다. 때론 지나친 경쟁에서 스스로를 보호하는 보호막이 되기도 하지요. 물불 안 가리고 성공으로만 매진할 때, 한 걸음 물러나서 한숨 돌릴 수 있는 여유도 자기애에서 나옵니다.

살다 보면 누구나 실수를 합니다. 하지만 실수를 딛고 일어나 다시 한 번 도전하는 사람이 있는가 하면, 작은 실수에도 마치 인생 전체를 망친 것처럼 실의와 절망감에 빠져 허우적거리는 사람도 있습니다. '회복탄력성(resilience)'의 차이 때문입니다. 탄력이 좋은 고무공은 땅에 떨어져도 금방 튀어오르듯이, 회복탄력성이 좋은 사람은 실수를 해도 쉽게 회복해 다시 도전할 수 있습니다. 이런 사람의 특징은 미래지향적이고, 현실을 직시하고, 적극적이고 긍정적이며, 쉽게 행동으로 옮깁니다.

이런 좋은 태도들은 무엇보다도 자신에 대한 애정이 전제되어야 발달할 수 있습니다. 스스로를 믿고 사랑하는 사람은 시험이나 사업에서 실패했더라도 그것은 인생의 일부이지 전부가 아니며, 고통의 시간 역시 순간이지 영원하지 않다는 것을 쉽사리 받아들일 수 있습니다. 가치의 우선순위에 있어, 가장 높은 곳에 내가 있으니 나머지는 상대적으로 중요하지 않은 것입니다. 그러므로 자기애가 강한 사람들은 성공에도 쉽사리 도취되지 않고, 실패에도 쉽사리 무릎 꿇지 않겠지요.

자기애의 중요한 역할 중 또 하나는, 타인으로부터 사랑을 받게 해준다는 것입니다. 스스로를 사랑하는 사람에게서는 아름다운 빛이 납니다. 그 빛은 자존감일 수도 있고 자신감일 수도 있습니다. 무엇이 되었든, 그 빛은 상대를 따뜻하고 부드럽게 해줍니다. 그래서 자기애적 태도를 갖고 있는 사람을 만나면 가까이 다가가고 싶어집니다. 거꾸로 지나치게 자기를 비하하는 사람들을 접했을 때는 정반대의 감정이 들지요. 처음에는 안타까움에 위로하고 격려하지만 시간이 지나면 짜증이 나기 마련입니다. 반복적인 자기비하는 주변 사람마저도 무력하게 만드는 그림자이기 때문에, 그들도 곧 그 어두움에 지쳐 떠나가게 됩니다.

병적 자기애, 나르시시즘

그렇지만 자기애적 태도에는 치명적인 약점이 있습니다. 지나치면 병이 된다는 점이지요. 나르시시즘(narcissism)이라고 부르는 '병적 자기애'는 정신분석학에서 사용되는 말입니다. 나르시시즘은 자신의 성적 욕구(리비도)가 자신에게 향해 있는 것으로, 미소년 나르키소스가 물에 비친 자신의 모습을 보고 사랑에 빠졌다는 그리스 신화에서 유래된 말입니다.

프로이트(Sigmund Freud)는 유아기에는 누구나 정상적으로 리비도가 자기 자신에게 쏠려 있다고 했습니다. 이를 '1차적 나르시시즘'이라고 하지요. 그는 사람이 성숙하면서 리비도가 외부의 대상을 향하게 된다고 했습니다. 그러나 외부의 대상(사랑의 대상)에게 향하는 애정의 욕구가 제대로 충족되지 못하면, 리비도는 다시 자기 자신에게 돌아가게 되는데, 이를 '2차적 나르시시즘'이라고 합니다. 이 2차적 나르시시즘은 병적인 상태이고, 심하면 조현병(정신분열병의 올바른 병명)이나 편집증에 이르게 됩니다. 조현병까지는 아니더라도 우리 주위에서 '병적 나르시시즘'의 예는 쉽게 찾아볼 수 있습니다.

직장 동료든 가족이든, 어떤 상황에서도 언제나 자기가 옳다고 주장하는 이들이 있습니다. 혹시 잘못을 지적이라도 할라치면, 말도 안 되게 우기거나 처음부터 자기의 생각은 아니었다는 식으로 빠져나갑니다. 더 중요한 것은, 감정적으로 전혀 반성하거나 후회

하는 일이 없어서 같은 잘못을 끊임없이 반복한다는 점입니다. 이런 현상이 심각해질 경우 '자기애적 인격장애'라는 병이 되기도 합니다.

하루하루 상처투성이의 삶을 살아야 하는 우리들에게 어느 정도의 자기애는 약이 됩니다. 하지만 자기애가 지나쳐서 주변 사람들과 마찰을 빚고, 스스로의 발전에 방해가 된다면 결코 바람직한 태도라 할 수 없겠지요. 자신을 충분히 사랑하고 세상에서 가장 소중한 존재로 인식하되, 경계를 넘어서지는 말아야 합니다.

자신을 사랑하는 가장 현명한 방법

스스로를 제대로 사랑하려면 어떻게 해야 할까요? 우선 자신에 대한 각박한 평가의 잣대를 내려놓아야 합니다. 그리고 자기 자신을 용서해야 합니다. 여태껏 스스로를 미워하고 홀대했던 자신을 용서해야 합니다. 이 용서의 과정은 일종의 의식처럼 풀어보면 좋습니다. 스스로에게 사과의 편지를 써도 좋고, 휴대폰으로 영상메시지를 남겨도 좋습니다. 유치하고 우습다고 생각할 수도 있지만, 그 효과는 의외로 강력합니다.

이런 용서의 과정이 없으면 발전도 없습니다. 자신을 사랑하지 않았다는 죄책감이 발목을 잡기 때문이지요. '늦은 때'는 없습니다. 지금 이 순간부터라도 스스로를 사랑하지 못한 당신을 용서하고,

새롭게 시작해야 합니다. 자신을 미워하면 할수록 주눅이 들어 더 큰 실수를 저지를 뿐입니다. 다른 사람을 미워할 때는 책임회피라는 일종의 자기보호 효과가 작동하지만, 스스로를 미워할 때는 그런 효과도 없습니다. 자기혐오가 타인에 대한 분노보다도 더 고통스러운 이유입니다.

자기애 결여가 지속되면, 마침내 두 가지 불행의 나락으로 떨어지게 됩니다. 스스로를 미워하다 못해 우울증에 빠지고, 더 불행한 경우에는 자살이라는 극단적인 결말로 끝이 납니다. 또는 자신에 대한 미움의 화살이 세상과 타인에게로 돌려져 증오와 분노로 스스로를 태워버리며 살게 됩니다. 두 경우 모두 비참한 삶을 살 수밖에 없습니다.

일반적으로 미움은 심리적인 측면에서만 영향을 준다고 생각하는데, 실제로는 육체적으로도 나쁜 변화를 일으킵니다. 미움이 마음에 가득한 순간, 나쁜 호르몬이 우리 몸을 지배합니다. 아드레날린(adrenalin)과 코르티솔(cortisol)이 넘치게 되지요. 대뇌 중추신경계는 물론이고 심혈관계, 근골격계 등 몸 전체가 나쁜 영향 아래 놓이게 됩니다. 이런 상태가 지속되면 빨리 늙고 빨리 병들게 됩니다. 그러므로 육체의 건강을 유지하기 위해서라도 무조건 자기 자신을 용서해야 합니다. 진정한 자기애는 자신에 대한 용서로부터 시작됩니다.

사랑은 구체적이고 실천적이어야 합니다. 남을 사랑하는 것은 물론이고 자신도 마찬가지입니다. 늘 아끼고 보살피고 사랑하세요.
그런 당신을 남들도 함부로 대하지 않을 것입니다.

Advices for good attitudes

남들의 사랑을 바라기 전에, 당신을 먼저 사랑하세요.

당신이 스스로를 귀히 여기면, 남들도 당신을 귀한 존재로 여길 것입니다.

스스로 사랑하지 않는 당신을 다른 사람들이 사랑할 리 없습니다.

사랑하고, 사랑하고, 또 사랑하세요.

감정 표현

마음의 신호등을 켜놓은 사람

"만일 어떤 여인이 꽃을 사랑한다고 말하면서도
물 주는 것을 잊어버린 것을 알게 되었다면,
우리는 그녀가 꽃을 사랑한다고 믿지 않을 것이다."
_에리히 프롬

우리는 어릴 적부터 감정을 적극적으로 표현하는 것은 좋지 않다는 교육을 받고 자랐습니다. 참는 자가 진정한 승자이고, 참으면 복이 온다고 배웠지요. '절제의 미덕'이라는 유교사상이 밑바닥에 깔려 있었기 때문입니다. 하지만 세상이 달라졌습니다. 표현하지 않으면 소통할 수가 없습니다. 소통이 막히면 부당한 대우를 받고 억울한 일이 생깁니다. 절제가 미덕인 시대는 이제 지나간 것입니다. 그런 태도는 오히려 무시당하기 일쑤입니다.

 일례로 예전에는 여자에게 '얌전하다'고 하면 칭찬으로 들렸습니다. 하지만 요즘은 다릅니다. 직장에서도 얌전하다는 평가는 자기 생각과 주장이 없는 몰개성적이고 적극성이 떨어지는 직원이라는 말처럼 들립니다. 연애 대상자로도 그다지 매력적이지 않습니다. 무엇보다 스스로 행복한 삶을 살기가 어렵습니다. 내가 무엇을 원하는지 적극적으로 말하고 표현하지 않으면 아무도 먼저 귀담아 듣거나 알아서 해주지 않고 대인관계도 원활하지 않습니다.

 감정은 상호 소통해야만 지속적인 관계 맺기가 가능합니다. 자신의 감정을 드러내고 표현하지 않으면, 그 관계는 무관심 속에서 멀어지게 됩니다. 또한 감정을 표현하지 않다 보면 감추는 것이 많아집니다. 감추는 것이 많아지면 당당하지 못하게 되지요. 그래서 감정의 억압은 불안을 유발하고, 불안은 몸과 마음을 병들게 하는 것입니다.

지나친 '감정 억압'이 삶에 미치는 영향

감정을 표현하는 정도는 성격과 많은 연관이 있습니다. 감정 표현과 심혈관계 질환의 호발 가능성을 예측하는 데 사용되는 성격 유형이 있습니다. A형과 B형 성격으로 나누는데, 흔히 알고 있는 혈액형과는 상관이 없습니다. 'A형 성격(감정 폭발형)'인 사람들은 성취 지향적이고 경쟁적입니다. 쉽게 화를 내고 참을성이 별로 없지요. 이런 유형의 사람들에게는 심혈관계질환이 쉽게 발생합니다. 감정 표현을 지나치게 많이 하게 되면, 스트레스 호르몬이 많아져서 자율신경계가 급격히 항진되고 불안정해지므로, 심근경색·협심증·뇌졸중 같은 무서운 질병에 걸릴 확률이 높습니다. 반대로 관계를 중시하고 느긋한 'B형 성격'의 소유자들은 화도 적게 내고 감정적으로 안정적입니다. 상대적으로 심혈관계 질환도 적게 걸리지요.

A형 성격과 아주 반대인 경우도 있습니다. 바로 'C형 성격(감정 억압형)'인데, 이런 사람들은 분노가 많지만 잘 표현하지 못합니다. 문제를 일으키고 싶지 않아 화가 나도 입을 다뭅니다. 이 경우에도 특정 질환에 잘 걸리게 되는데, 바로 우리가 제일 무서워하는 암입

니다. C형 성격의 C는 암을 뜻하는 cancer의 첫 글자에서 따온 것입니다. 감정을 억제하면 면역기관에 부정적인 영향을 미쳐 암이 발생하는 것으로 추정하고 있습니다.

감정 폭발이나 감정 억압이 육체적인 문제만 일으키는 것은 아닙니다. 감정을 쉽게 폭발하는 사람들은 대인관계가 좋을 리 없습니다. 소위 잘나갈 때는 모르지만 그렇지 않으면 심장질환을 얻기 전에 먼저 외톨이가 될 것입니다. 반대로 감정을 지나치게 억압하는 경우에는 화병을 앓게 됩니다. 우울증상, 신체화증상 그리고 분노로 이루어진 화병은 쉽게 낫지 않는 병입니다.

최근에는 성격과 암의 발생 그리고 예후의 상관관계에 충분한 증거가 없다고 반박하는 연구결과도 많으니 지레 겁을 먹을 필요는 없습니다. 그러나 감정을 억압하는 것이 면역 등 신체 기능에 부정적인 영향을 미친다는 데는 모두 동의하고 있으므로 감정 표현에 좀 더 신경을 써야 하겠지요.

비단 성격적인 측면에서만 감정 표현이 중요한 것은 아닙니다. 실생활 곳곳에 감정을 표현해야 할 일은 너무나 많습니다. 음식점에서는 정당한 요구가 많은 손님을 무시하거나 내쫓는 법이 없습니다. 오히려 더 신경 쓰게 마련이지요. 회사에서도 마찬가지입니다. 부당한 업무를 맡게 되었을 때 적절히 의사 표현을 하는 게 좋습니다. 물론 거절하기란 쉽지 않습니다. 대부분 아무 말 못하고 받아들이게 되지요. 화를 내봤자 추후에 불이익을 당할 것이 뻔하기 때문입니다. 하지만 적절히 감정을 표현한다면, 오히려 득이 될 수 있습니다. 지시하는 사람이 가장 힘들어하는 것은 지시받는 사람의 반발입니다. 그래서 한껏 부풀린 기세와 권위로 누르려 하지요. 그렇지만 반발이 생기면 경우에 따라 다르게 반응합니다. 지나치게 반발하면 자신의 권위로 누르려고 하지만, 적당히 반발하면 설득하게 마련입니다.

설득은 곧 협상입니다. 다시 말해서 설득당하는 과정에서 지시받는 사람이 얻을 이익이 발생한다는 뜻입니다. "다음에는 이런 일 안 시킬게"라는 약속을 받아낼 수도 있고, "너도 내 입장이 되어봐라"로 시작되는 감정의 소통이 이루어질 수도 있습니다. 하지만 아무 말 없이 받아들인 사람은 결국 다음에도 같은 일을 군소리 없이 해야 마땅한 사람이 됩니다.

그렇다면 적절한 표현이란 어느 정도일까요? 지극히 상식적인 선입니다. 자신이 상사의 입장이 되어서 들어도 기분 상하지 않을 정도로, 부당한 일을 받아서 기분이 나쁘고 화가 나지만 주어진 일은 하겠다는 의사가 전달되면 됩니다.

지나친 '감정 표현'이 삶에 미치는 영향

그렇다면 감정 표현은 무조건 좋은 것일까요? 반드시 그렇지는 않습니다. 소통의 도구로서 감정 표현이 제대로 되려면 조금은 세

심함이 필요합니다. 주의를 기울이지 않는다면, 표현이 지나치게 되고 오히려 역효과가 납니다.

화를 자주 내고 매사에 공격적인 태도를 갖고 있으면 호감을 줄 수 없는 것이 당연한 일입니다. 더구나 노화도 빨리 진행돼 나이보다 늙어 보입니다. 화를 낼 때 우리 몸에는 아드레날린이 많이 분비되는데, 이 호르몬은 우리 몸을 빨리 늙게 만듭니다. 연어가 극단적인 예입니다. 강물을 거슬러 올라온 암놈은 알을 낳고 수놈은 그 알 위에 정액을 뿌리고 생을 마칩니다. 새 생명을 탄생시키는 그 순간에 엄청난 아드레날린이 분비되는데, 이로 인해 모든 장기가 순식간에 노화되어 죽음에 이르는 것이지요. 이처럼 아드레날린은 우리 몸속에서도 세포를 죽이는 무서운 호르몬인데, 화로 인해서 분비되기 시작합니다. 화가 몸을 망치는 셈이지요.

화를 자주 내는 것처럼 공격적인 감정 표현도 문제지만, 또 다른 경우도 문제가 됩니다. 화를 내는 대신 우는 것으로 감정을 표현하는 경우입니다. 물론 눈물은 마음을 정화해주는 카타르시스의 한 요소이자, 스스로 보호받을 수 있는 가장 좋은 도구입니다. 실제로 한 심리실험에 의하면, 눈물 흘리는 사람의 편을 들어주고 싶은 욕구가 남녀 모두에게 있다고 합니다. 하지만 지나치면 공감은커녕 반감을 불러일으킬 수도 있습니다. 걸핏하면 눈물을 흘리니 주변 사람들은 점점 지치고 진실성을 의심하게 됩니다. 이때부터 눈물은 더 이상 자기보호 기능을 가질 수 없습니다.

화를 내든 눈물을 흘리든 감정 표현은 조절이 중요합니다. 표현을 할 때와 자제해야 할 때를 가릴 줄 알아야 합니다. 끊임없는 표현은 진실성의 여부를 떠나서 이해하고 반응할 여유를 주지 않기 때문입니다.

절제는 또 하나의 표현이다

감정의 절제는 표현만큼이나 중요합니다. 표현을 더 빛나게 하는 것이 절제이고, 어떤 경우에는 절제만으로도 눈부신 빛을 발합니다. 다만, 전혀 표현이 없는 벙어리가 되어서는 절제의 빛을 발할 수 없습니다. 절제 또한 표현의 하나가 되어야 하는 것이지요.

나라마다 문화마다 다르겠지만, 영국의 귀족학교인 이튼스쿨에서는 감정의 표현을 절제하도록 훈련한다고 합니다. 그런데 영국 신사로 이미지화된 사회지배층에서 표현을 절제하도록 훈련하는 것은 역설적으로 영국인들이 표현을 잘하기 때문입니다. 대부분 아이들은 마음껏 화내고 울고 웃고 사랑하도록 내버려둔다고 합니다. 하지만 우리나라처럼 유교의 영향을 받은 동양의 경우는 다릅니다. 우리는 어릴 때 표현을 억제하는 방법부터 배웁니다. 마음속 감정을 다 드러내는 사람은 지극히 미숙한 사람으로 치부했습니다.

물론 감정의 표현을 절제하는 것도 나름의 장점은 있습니다. 감정은 전염되는 성질이 있기 때문에, 자칫 우울함이나 분노와 같은 부정적인 감정이 옮는 것을 방지할 수 있지요. 또 지나치게 들떠서 좋은 감정을 마구 발산하다 보면, 그 감정에 동화할 수 없는 사람들에게는 반감을 불러일으킬 수 있습니다. 나보다는 타인을 더 배려한다는 입장에서, 내 감정을 드러내기 전에 타인의 감정을 살피도록 교육하는 것은 나쁘다고 할 수 없겠지요.

하지만 아이들에게는 오히려 감정을 다 표현하게 하는 것이 좋습니다. 감정을 잘 표현할 수 있어야, 절제의 미덕 또한 발휘할 수 있습니다. 파란 신호등이 켜지면 건너간다는 사실을 알아야, 빨간 신호등에서는 멈춥니다. 늘 빨간 신호등만 켜져 있는 건널목에는 틀림없이 무단횡단을 하는 사람이 늘 것이고, 교통사고 또한 잦아질 것입니다. 감정 표현도 마찬가지입니다. 감정 표현을 잘해본 사람만이 언제 감정을 절제해야 하는지 정확히 알 수 있습니다.

Advices for good attitudes

누구나 내 마음을 알아주길 원합니다.

내 기분을 이해하고 받아들여주기를 바랍니다.

하지만 내 마음의 문을 열어주지 않는다면 누구도 들어갈 수 없습니다.

우선 닫힌 문을 열고 당신을 보여주십시오.

당신은 어떤 사람입니까?

감사

감사할 줄 알기에
감사할 일만 생기는 사람

"인간이 범하는 가장 큰 죄는 감사할 줄 모르는 것이다.
지옥은 배은망덕한 무리들로 가득 차 있다."

_미겔 데 세르반테스

"감사하는 마음은 개나 앓는 질병이다."

구소련의 독재자였던 스탈린(Iosif Stalin)의 말입니다. 이를 말 그대로 해석하자면, 감사하는 마음은 사람에게는 가치 없는 감정이며, 그것도 나쁜 감정이라는 것입니다. 그런데 불교, 기독교, 천주교, 이슬람교 등 어떤 종교든 감사하는 마음을 가장 중요하게 다룬다는 공통점이 있습니다. 감사는 신과 인간을 연결해주는 고리인 셈입니다. 그렇다면 스탈린이 감사에 대해 부정적인 의견을 피력한 이유는 결국 인민이 진정으로 행복해지면 독재자의 입지가 좁아지기 때문은 아닐까요.

감사는 타인에게 도움을 받고 느끼는 긍정적인 감정입니다. 기부나 봉사와 같이 남에게 도움을 주는 마음도 좋은 태도 중 하나지만, 받은 도움에 대한 감사의 감정 역시 그에 못지않게 좋은 태도이자 행복한 삶을 위한 근간이 됩니다. 자신이 가진 것, 지금 누리고 있는 수많은 것들, 내 곁을 지키는 소중한 사람들…… 어찌 보면 평범하고 사소한 그 모든 것에 감사할 때 비로소 우리는 행복을 실감할 수 있습니다.

감사하는 태도의 힘

환자가 끊이지 않는다고 소문이 자자한 30대 후배 의사가 있습니다. 의사도 경쟁하는 시대라 그녀를 벤치마킹하려는 이들이 있을 정도입니다. 여성 특유의 부드러움이 차가운 환자의 마음을 봄날 눈 녹듯이 풀어주는 장점도 있지만, 그녀에게는 남다른 태도가 있습니다. 늘 감사하는 마음으로 환자를 대한다는 것이지요.

환자들이 "선생님 덕분에 나았어요, 감사합니다"라고 인사를 건네면, "무슨 말씀을요, 치료를 잘 받아주셔서 감사합니다"라고 오히려 환자들에게 감사해한답니다. 자살하고 싶다던 환자가 삶의 희망을 갖게 되었다고 하면, "극단적인 행동을 하지 않고 여기까지 와주어서 감사합니다"라고 고마워한다는 것입니다. 감사의 태도가 성공의 노하우라는 이야기지요. 동료 의사가 "뭐가 그리 시시해. 그러지 말고, 진짜 노하우를 알려줘"라며 졸랐습니다. 그러자 곰곰 생각하던 그녀가 정말 중요한 포인트를 짚어준다는 표정으로 이야기했습니다. "선배님! 진심으로 감사해야 돼요. 진심이 없으면 소용없답니다!"

의사는 냉정합니다. 사람의 목숨을 다루는 일을 하기 때문에 냉정해야만 합니다. 수련의 시절에는 개인적인 감정을 억누르도록 훈련받기도 합니다. 그래서 의사에게는 약점이 있습니다. 자신이나 주변 사람들이 아프면 잘 대처하지 못한다는 점이지요. 우선 자신이 아프면 병원에 가야 함에도 불구하고 집으로 갑니다. 아파도 진료를 받지 않으니 병을 더 키우게 되지요. 조사에 의하면, 의사들이 암 진단을 받으면, 일반인의 경우보다 더 많이 악화된 상태라고 합니다. 또 주변 사람이 아파도 대수롭지 않게 생각합니다. 매일 악성질환 환자들을 접하니 주변 사람들이 아프다고 해도 웬만해서는 심각하게 여기지 않습니다. 못된 자식이나 냉정한 남편이 되는 것이지요. 이렇게 냉정한 의사들이 감사하다는 말을 하기란 쉬운 일이 아닙니다. 더구나 환자들에게 늘 감사하다는 말을 듣기만 해온 터라, 남에게 감사하다고 말하기가 영 어색합니다.

하지만 그녀는 감사의 태도를 잘 활용했습니다. 무엇보다 진심이었기에 통했을 테지요. 그녀의 환자들은 대부분 마음이 어둡습니다. 어린 시절이든 현재든, 남들에게 사랑받지 못한 사람들이 대부분이었습니다. 그래서 그들에게 사랑을 주어야겠다고 결심했다고 합니다. 의사에게는 치료를 잘하고 싶은 본능적인 욕구가 있습니다. 그녀는 치료의 일환으로 사랑을 생각했고, 그 사랑의 표현이 바로 '감사합니다'였습니다. 놀랍게도 그녀에게 감사를 받은 환자들은 빨리 회복되었고, 더욱 놀라운 것은 그들 역시 감사의 태도를 갖게 되었다는 것입니다. 서로에게 큰 행복을 선사한 셈이지요.

감사는 자신의 존재 가치를 높여준다

고대 로마의 정치가이자 문필가인 키케로(Marcus Tullius Cicero)는

"감사는 덕목 중의 최고일 뿐만 아니라, 모든 덕목의 부모"라며 감사가 삶에 끼치는 긍정적인 영향을 꿰뚫어보았습니다. 감사하는 마음은 긍정적인 감정을 불러일으킨다는 것입니다.

이러한 감사는 빚진 감정과는 다릅니다. 감사나 빚진 감정 모두 남에게 도움을 받고 느끼는 감정이기는 합니다. 하지만 주는 사람과의 관계 측면에서는 전혀 다릅니다. 빚을 진 사람은 빌려준 사람을 피할 수밖에 없겠지만, 감사하는 사람은 자신에게 도움을 준 사람을 또 만나고 싶어 하고 존경하게 됩니다. 그러므로 감사의 태도는 인간관계에 있어 장점이 있습니다. 감사를 받든 또는 하든, 상대에게 좋은 감정으로 접근하게 되는 것이지요.

감사를 느끼는 정도는 사람마다 다르지만, 감사를 더 많이 느낄수록 더 행복해진다는 연구결과가 많습니다. 인간은 도움(도움을 받든 아니면 도움을 주든)이 가치 있다고 느끼면 느낄수록, 더 많이 감사하게 된다고 합니다.

또한 감사는 심리적으로 우리에게 안정을 제공합니다. 소위 웰빙(well-being)을 원한다면 감사해야 합니다. 웰빙은 '참살이'라고 번역되기도 하는데, 육체와 정신 모두 조화롭고 건강하게, 행복하고 아름다운 삶을 추구하는 것입니다. 행복을 연구하는 긍정심리학의 많은 실험결과를 보면, 감사는 스스로를 더 행복하고 더 긍정적으로 만들 뿐만 아니라, 신체적으로 더 건강하게 해주며 인간관계도 보다 원만하게 이끌어준다고 합니다.

긍정심리학을 태동시킨 마틴 셀리그먼(Martin Seligman) 박사는 일반인들을 대상으로 다양한 긍정심리 증진법을 시도했습니다. 그 중 효과적인 방법은 '감사편지'를 쓰는 것이었습니다. 도움을 받았음에도 적절하게 표현하지 못했던 사람들(예를 들어 부모님)에게 감사의 편지를 쓰도록 하자, 행복점수가 가장 높게 측정되었으며 가장 오래 지속되었다고 합니다.

감사의 태도가 나의 행복만을 이롭게 하는 것은 아닙니다. 타인에게도 긍정적인 효과를 미치지요. 미국의 한 대학 동문회에서 발전기금을 모금했습니다. 모금 업무를 맡은 사무직원을 두 집단으로 나누어 한 집단에게는 그들의 노고를 치하하고 감사한다는 이야기를 전했고, 다른 한 집단에게는 별다른 이야기를 하지 않았습니다. 그러자 놀라운 결과가 나타났습니다. 감사하다는 말을 들은 집단의 모금액이 그렇지 않은 집단에 비해 무려 50퍼센트 이상 많았다는 것입니다. 감사의 말을 들은 사람은 자신의 존재에 대한 가치감을 느껴 훨씬 더 적극적으로 참여한 것입니다.

남 탓하는 태도, 행복을 내게서 떠나게 한다

같은 개업의지만 잘 안 되는 의사도 있습니다. 앞서 후배 의사가 감사의 태도로 성공했다면, 이 후배는 '남 탓하는 태도'로 번번이 실패하는 경우입니다.

학교 다닐 때부터 필자와 인연이 있던 이 친구는 공부도 잘했고, 윗사람이나 동료들과의 친분도 좋았습니다. 다만, 아랫사람이나 후배들과는 그다지 관계가 좋지 않았지요. 수련의 생활을 하면서 문제도 많았습니다. 특히 과 소속이 없는 수련의(인턴)들은 어딜 가나 어울리기가 쉽지 않습니다. 간호사, 간호조무사, 기사 등 해당 과를 위해 일하는 많은 사람들에게 수련의는 그저 지나가는 사람들이고, 더구나 일에 능숙하지 않기 때문에 무시당하기 일쑤입니다. 물론 성격에 따라 그들과 잘 어울리는 수련의들도 있습니다.

그런데 유독 이 친구는 가는 곳마다 갈등이 잦았습니다. 갈등의 가장 주된 이유는 책임 소재에 있었습니다. 간혹 발생하는 잡음의 원인을 누가 제공했느냐 하는 문제인데, 그 친구는 언제나 주변 사람들이 주범이라고 주장하곤 했습니다. 쉽게 이야기해서 자신은 잘못이 없고 모두 '남의 탓'이라는 것이지요. 수련의 생활을 할 때는 그런 일이 있어도 큰 문제가 되지 않았지만, 독립해서 개원한 다음부터는 문제가 심각해졌습니다.

"형! 간호사 구할 데 없어?"

"요즘 환자들 왜 그래? 싸움을 다 걸고!"

"건물주가 기한 끝나면 나가라네! 내 참, 기가 막혀서."

녀석에게 전화가 오면 덜컥 겁부터 났습니다. 또 무슨 문제라도 터진 건가 싶어 전화 받기가 두렵더군요. 의료 시술을 하다가 조금만 실수를 해도 간호사 탓을 하니 간호사들이 한 달을 버티지 못하고 병원을 그만뒀고, 환자들과도 감정적으로 맞붙기 일쑤였습니다. 건물주와는 주차 문제 등으로 싸움을 하기도 했습니다. 잘 모르는 사람이 보면 인복이 없다고 할 수 있겠지만, 자세히 들여다보면 녀석의 '남 탓 태도'가 이 모든 사태의 주범입니다.

그러던 어느 날, 녀석이 뜬금없는 소리를 했습니다. "형! 나 우울해. 이러려고 의사 한 거 아닌데…… 나한테 문제가 있나 봐." 환자도 점점 줄고, 주변 사람들도 자신에게 등을 돌려 힘들다는 이야기였습니다. 의기소침해 있는 녀석에게 '모든 일에 감사하라'고 말해주었습니다.

태도를 바꾸려면 통찰이 필요합니다. 자신의 태도가 어떤지 알아야 하니까요. 그런데 녀석은 어느 정도 자신의 태도에 문제가 있다는 것을 알게 되었습니다. 남 탓만 하는 사람이 그 정도로 발전을 했으니, 감사의 태도를 강조한 필자의 조언이 도움이 될 수 있겠다는 희망이 생겼습니다. 그래서 몇 가지 의학 논문을 보여주고, 실천해보라고 권했습니다. 쉽진 않겠지만, 희망이 보였습니다.

감사의 태도를 갖는 법

일단 자신의 삶에 도움을 준 사람에게 '감사의 편지'를 쓰게 했습니다. 후배는 제일 먼저 어머니에게 편지를 썼다고 합니다. 그런데 편지를 쓰기 시작하자마자 코끝이 찡해오면서 눈물이 났다더군요. 그렇게 그냥 울고 나니 복잡했던 마음이 한결 편안해졌다고 합니다.

그러고는 매일 저녁마다 '감사 일기'를 적게 했습니다. 매일 감사한 일을 세 가지씩 적는 것입니다. 이 사소한 방법으로도 감사하는 마음을 쉽게 얻을 수 있습니다. 너무 평범한 방법이라 별로 효과적이지 않을 것 같지만, 며칠만 해보십시오. 그 어떤 방법보다 감사의 마음을 오래 갖게 되는 효과가 있습니다.

그 후 3개월쯤 지났을 때입니다. 후배가 필자에게 감사의 편지를 보내왔습니다. 그 편지를 읽으면서 저 역시 녀석에게 감사해야겠다는 생각이 들더군요. 편지를 읽고 녀석의 변화를 확인한 순간, 더없이 마음이 편안해지고 행복했기 때문입니다. 행복은 가까이에 있다는 걸 다시 한 번 깨닫는 순간이었습니다. 주변의 소소한 모든 것에 감사할 때, 행복은 우리 곁에 머물기 시작하는 게 아닐까요.

Advices for good attitudes

세상에는 감사할 일이 넘쳐납니다.

상큼한 푸른 하늘, 커피 한 잔의 여유, 제시간에 도착해준 버스…….

그저 이 모든 것에 감사하면 됩니다.

그러면 행복도 쉽게 찾아옵니다.

사랑

사랑하고 사랑받기 위해 태어난 사람

"사랑을 알기까지는 여자도 아직 여자가 아니고,
남자도 아직 남자가 아니다."

_새뮤얼 스마일스

눈에 보이는 태도를 통해 우리는 보고 느끼고 생각합니다. 나쁜 태도가 불편하게 느껴지는 반면, 좋은 태도라면 아름답게 느껴지겠지요. 그렇다면, 어떤 태도가 가장 아름다울까요?

아마도 사랑에 빠진 사람의 태도가 가장 아름다울 것입니다. 이유가 있습니다. 사랑에 빠지면, 심리적·신체적으로 긍정적인 변화가 생기기 때문입니다. 사랑에 빠진 사람의 대뇌에서는 도파민(dopamine)과 엔도르핀(endorphin) 같은 쾌락물질을 분비합니다. 에너지 레벨이 증가하니 더욱 활기찬 모습을 보이게 되는 것입니다.

그리고 세상이 아름다워 보입니다. 모든 것을 긍정적으로 바라보니 사랑하는 사람뿐 아니라 다른 사람들에게도 호의적이고 배려가 깊을 수밖에 없습니다. 자신감이 넘치면서도, 사려 깊고 섬세한 태도를 보여줍니다. 이런 태도를 어찌 아름답다고 하지 않을 수 있을까요.

사랑의 삼각구도

이처럼 세상을 대하는 태도까지 바꿔주는 사랑이란 과연 무엇일까요? 사랑은 누구나 경험하는 보편적인 감정입니다. 그럼에도 불구하고 완벽하게 정의 내리기는 어렵습니다. 사람의 태도를 아름답게 바꿔주는 사랑에 대해서는, 미국의 저명한 심리학자인 로버트 스턴버그(Robert J. Sternberg)의 이야기를 빌려와야 할 듯합니다. 그만큼 사랑에 대해 논리적이고 실증적인 연구를 한 사람은 드무니까요.

유명한 '사랑의 삼각구도론(triangular theory of love)'으로부터 시작하겠습니다. 사랑은 '친밀감', '열정', 그리고 '헌신'의 세 가지 요소로 구성됩니다. 이 세 가지 요소를 골고루 갖추고 있으면 가장 완벽한 사랑이며, 셋 중 하나라도 없다면 진정한 사랑이라고 할 수 없는 관계가 됩니다. 만일 친밀감만 있다면, 그저 좋아하는 사이 즉 '우정'이라고 할 수도 있습니다. 만일 열정만 있다면, '도취적 사랑'이라고 할 수 있겠지요. 열에 들떠 정신을 못 차리는 경우입니다. 그리고 헌신만 존재한다면, 그것은 사랑이라고 이름 붙일 수 없겠지요.

다른 요소는 모두 있는데 하나씩만 빠진 경우도 있습니다. 만약 친밀감이 없다면, 어리석은 사랑으로 공허함만 남을 것입니다. 열정이 없다면 어떨까요? 동반자적인 사랑, 또는 성적인 욕구가 없는 오래된 친구와 같은 상태입니다. 결혼생활을 오래한 부부들에게서 흔히 볼 수 있지요. 끝으로 헌신이 없다면, 제아무리 낭만적인 사랑이라 해도 활활 불타오른 속도만큼 서로를 쉽게 잊을 수 있습니다.

책임이 따르지 않는 사랑이니까요.

이 사랑의 삼각구도론은 이성 간의 사랑뿐 아니라 태도에 대해서도 적용할 수 있습니다. 친밀감, 열정, 헌신을 모두 갖춘 태도는 가장 바람직하고 아름다운 태도라 할 수 있습니다. 하지만 친밀감만 뛰어나다면, 일은 열심히 안 하고 책임감도 없으면서 그저 사람만 좋은 경우가 될 것입니다. 열정만 갖추고 있다면, 일에는 열심이지만 아무도 그 사람과 어울리려 하지 않을 것입니다. 친근하지도 않고 책임감도 없으니까요. 헌신적이기만 하다면, 인생이 너무 우울하고 괴로울 것입니다.

다른 요소는 다 있는데 하나만 없는 경우도 있겠지요. 친근감이 없다면 일 잘하고 책임감 있다는 소리는 듣지만 사방이 적일 테고, 열정이 없다면 사람은 참 좋고 책임감도 있는데 매사에 소극적인 태도로 일관하며 늘 주눅이 들어 보일 것입니다. 헌신적이지 못하다면, 열정에 휩싸여 일을 그르치는 것은 물론이고 주변 사람들에게까지 화를 끼칠 것이 분명합니다. 당연히 친밀감, 열정, 헌신 이 모든 요소를 갖추어야 진정으로 아름다운 태도를 갖고 있다고 할 수 있겠지요.

사랑받는 사람은 정해져 있다

사랑스러운 태도를 갖고 있다는 것은 행운입니다. 사랑받고 있다는 사실만으로도 가치가 높아집니다. 가만히 보면 뭘 특별히 어떻게 하지도 않았는데 사랑을 많이 받는 사람들이 있습니다. 그런가 하면 아무리 애를 써도 사랑받지 못하는 사람들도 있고, 충분히 사랑받을 만한데 스스로 거부하는 것처럼 보이는 경우도 있습니다. 어쩌면 '사랑받는 사람'은 이미 정해져 있는지도 모릅니다. 마치 재능과 능력 그리고 배경이 정해져 있는 것처럼 말이지요.

어느 중소기업의 인사팀장으로 있는 고등학교 후배가 들려준 이야기입니다. 인사에 관해서는 최고라 자부하는 친구기에, 사원들의 세세한 면도 다 파악하고 있습니다. 그런 그가 총무부에서 일하는 한 여사원 이야기를 꺼냈습니다. 20대 초반의 그 직원은 그 나잇대의 귀염성이나 붙임성이 없는 대신 어른스러운 면이 있다고 했습니다. 무슨 일이든 솔선수범하고 귀찮은 일도 도맡아 하는 편이라더군요. 그런데 문제는 주변 사람들이 그녀를 그다지 좋아하지 않는다는 것입니다. 후배로 편하게 대하며 예뻐해주고 싶었는데 본인이 마다하는 것 같아 이제는 별다른 관심을 안 갖는다는 얘기였습니다.

이런 문제를 눈여겨보던 그 후배가 회식자리에서 다른 사람들의 의견을 넌지시 물어보았답니다. 부원들은 대부분 그녀를 안쓰럽고 애처롭게 생각하고 있었습니다. 더구나 그녀가 하는 일은 무엇이든 너무나 당연하다는 느낌마저 든다고 했습니다. 그녀를 안타깝게 여긴 후배는 부원들에게 그러지 말고 그녀가 잘하면 적극적으로 '고맙다', '잘한다'고 칭찬해주라고 했답니다.

그 후 주변 사람들은 일부러 그녀를 칭찬하기 시작했습니다. 처음에는 마치 상처받기 싫은 어린아이처럼 한 걸음 더 물러서는 듯하던 그녀도 서서히 변했습니다. 가까이 있는 사람에게도 곁을 주지 않는 무뚝뚝한 태도에서 친근하고 정감 있는 태도로 바뀐 것입니다. 관심과 사랑이 그녀를 그렇게 바꾸어놓았습니다.

이성 간에도 사랑을 많이 표현해주면 더 친밀해지듯이 사회적 관계에서도 사랑을 많이 주면 줄수록 존경하고 따르게 됩니다. 인간에 대해 애정 어린 태도를 갖고 있다면, 당연히 당신 주위에는 사람이 들끓을 겁니다. 이유가 있습니다. 사랑의 중독성 때문입니다. 사랑은 쾌락을 줍니다. 사랑을 받으면 쾌락중추가 활동을 합니다. 마음을 즐겁게 하고, 몸을 가볍게 하지요. 사람은 누구나 즐거운 마음과 가벼운 몸으로 열심히 사랑을 주는 자를 따르게 됩니다. 그런 관계의 결과로, 소위 끌어주고 받쳐주는 선후배나 동료 사이가 될 수도 있겠지요.

사랑받는 태도는 어떻게 만들어지는가

'사랑은 쟁취하는 거야'라는 광고문구가 있습니다만, 동의하지 않습니다. 다른 사람의 애인을 쟁취할 수는 있어도, 사랑을 쟁취할 수는 없습니다. 사랑은 상호 교류하는 감정입니다. 일방적이지 않을뿐더러, 서로 느끼게 하고 또는 알게 하는 것입니다. 그래서 우리는 사랑을 '고백'하지, '강요'하거나 '협상'하지 않습니다. 그런데 좋은 태도는 사랑을 불러올 수 있습니다. 흔히 '사랑을 받는다'고 합니다. 수동적인 표현이기는 합니다만, 태도의 변화를 통해 사랑받을 만한 자격을 얻을 수 있습니다. 하지만 사랑을 받기 위해서는 우선 능동적으로 사랑받는 태도부터 만들어야 합니다.

어떻게 하면 사랑을 받을 수 있을까요? 가장 중요한 것은 자신에 대한 사랑을 실천하는 것입니다. 자신을 사랑하지 못한다면, 자존감을 가질 수 없고 타인의 사랑도 온전히 받아들일 수 없습니다. 그다음에는 내가 먼저 사랑하는 것입니다. 이 말에 반감을 느끼는 사람도 있을 것입니다. 짝사랑에 큰 상처를 받았거나, 이별의 상처가 두려운 분들이겠지요. 하지만 태도의 측면에서는 다릅니다. 남녀 간의 사랑만 생각하지 마십시오. 태도는 우리가 사는 삶 전체에 영향을 줍니다. 비록 이성과의 사랑에서는 먼저 사랑하는 것이 아픔이 될 수도 있겠지만, 태도에서는 긍정적인 점이 더 많습니다. 우선 배려의 부분이 그렇습니다.

배려를 위한 배려입니다. 약간은 억지소리 같습니다만, 상대의 배려를 끌어내기 위해서는 먼저 내 마음을 써야 합니다. 지나치게 일방적인 사랑일 경우에는 문제가 되겠지만 대부분의 사랑은 상호적입니다. 사랑을 많이 주는 사람에게는 반드시 보상이 따릅니다.

그러므로 사랑받는 태도를 갖기 위해서는 자신을 먼저 사랑하고, 남을 사랑하면 됩니다. 물론 그밖에도 많은 방법과 조건이 있겠지만, 이 원칙만 지킨다면 사랑은 나의 삶에서 너무나 자연스러운 것이 될 것입니다. 남녀 간이든, 직장 동료든, 친구 사이든, 관계에서 사랑이 차지하는 부분은 전부라 해도 과언이 아닙니다. 사랑은 에너지의 근원이며, 누구든 배려심 깊고 아름다운 사람으로 변화시켜줍니다. 스스로 의도하지 않아도 사랑이 당신을 중독시키기 때문입니다.

Advices for good attitudes

자기애를 실천하여 받아들일 준비가 되어 있다면,

타인을 사랑하십시오.

사랑은 상호적입니다.

먼저 시작한 사랑은 당신의 태도를 더욱 아름답게 만듭니다.

아름다운 태도는 당신을 더욱 돋보이게 할 것입니다.

2장
좋은 태도를 위해
어떤 '사고방식'을 가져야 하는가

사고방식이란 말 그대로, 생각을 하고 궁리를 하는 방법을 말합니다. 예를 들어, '긍정적인 사고방식'이라고 하는 것은 문제를 받아들이고, 판단하고, 처리하는 일련의 과정이 긍정적이란 뜻입니다.
사고는 감정의 치우침을 막는 도구이며, 행동의 방향을 제시합니다. 사고가 제대로 자리 잡아야 감정과 행동을 조절하여, 좋은 태도를 익힐 수 있습니다.

긍정

더 잘될 거라고 믿기에
더 잘되는 사람

"웃어라, 그러면 세상도 그대와 함께 웃을 것이다.
울어라, 그러면 그대 혼자 울게 되리라."
_엘라 휠러 윌콕스

우리 삶에 영향을 미치는 수많은 태도 중에서도 가장 중요한 것을 하나만 고르라고 한다면, 선뜻 '긍정의 태도'를 택하겠습니다. 긍정의 태도는 모든 바람직한 태도의 중심이자 삶을 행복하고 성공적으로 살고자 하는 마음 자체이기 때문입니다.

극한의 상황에서도 삶과 죽음의 운명을 결정짓는 것은 태도입니다. 사막에 고립된 두 사람이 있습니다. 둘은 신체조건도 비슷하고 갖고 있는 물자도 비슷합니다. 시간이 흘러 어느덧 두 사람에게는 똑같이 반병의 물만 남게 되었습니다. 그러나 두 사람의 사고방식과 태도는 달랐습니다. 한 사람은 '아! 이제 물이 반병밖에 없구나!'라는 절망적인 생각에 빠졌고, 다른 한 사람은 '아직 물이 반병이나 남았네!'라는 희망적인 생각을 했습니다. 누가 살아남겠습니까?

위의 사례는 사고방식이나 스트레스에 대해 이야기하거나, 실제로 조난을 당했을 때 어떻게 대처해야 구조 가능성이 높을까 하는 위기대처법을 이야기할 때, 심지어 정신과 학회에서 인지이론(認知理論)을 설명할 때도 심심치 않게 인용되는 유명한 사례입니다. 당연히 희망적인 생각을 가진 사람이 살아남을 수밖에 없습니다.

사고(思考)는 생리적인 변화를 유도하는데, 부정적인 생각은 자율신경계를 발동시켜 더 목이 마르게 합니다. 스트레스 호르몬인 아드레날린이 심장의 박동을 빠르게 하고 숨을 가쁘게 만드니 당연한 결과입니다. 목이 마른 사람은 물을 더 많이 마실 것이고, 따라서 물은 더 빨리 떨어질 테고, 절망은 더 엄청난 공포로 이어질 것입니다.

2010년, 칠레의 한 광산이 무너져 서른세 명의 광부가 700미터의 어두운 갱도에 갇혔다가 69일 만에 모두 구조된 감동적인 사건이 있었습니다. 이 역시 같은 맥락입니다. 서른세 사람 모두가 긍정과 희망을 택했기에 기적 같은 생환이 가능했던 것입니다.

부정적 인지 왜곡은 우울증의 원인이다

생명을 위협할 정도로 극한적인 상황이 아니더라도, 긍정의 태도로 사는 사람과 부정의 태도로 사는 사람은 차이가 납니다.

병원을 찾는 젊은이들 중 매사에 부정적인 사고방식 때문에 우울증을 앓는 이들이 꽤 많습니다. 취업을 앞둔 대학생들도 그렇습니다. 대학 3학년인 한 여학생은 자신의 모든 것이 불만족스럽고 세상도 불공평하다고 하소연했습니다. 그 학생의 '못난이 푸념'은 끝이 없었습니다. 자신에 대한 평가절하는 물론이고, 자신이 처한 환경이나 다가올 미래도 부정적으로 보았습니다. 사고의 과정과 판단도 부정적이었습니다. 그러니 목표를 두고 최선을 다해 노력하는 과정 자체에 대해서도 회의적이었지요. '어차피 잘 안 될 텐데'라는 생각에 무조건 포기를 선택해왔던 것입니다.

이런 부정적 사고에 사로잡힌 사람들은 어릴 적부터 칭찬을 많이 듣지 못하고 자라서 자긍심이나 자신감이 없는 성품도 문제지만, 아예 벗어나려는 노력조차 하지 않는 것이 더 큰 문제입니다. 우울증에 걸릴 수밖에 없는 사고방식이지요. 우울증은 말 그대로 우울한 기분이 지배적인 병입니다. 이 병의 원인은 생물학적으로는 신경전달물질 체계의 불균형, 심리적으로는 사랑하는 대상의 상실 등을 꼽습니다. 또 다른 원인이 있다면, 바로 부정적인 사고입니다.

미국의 저명한 인지이론가인 아론 벡(Aron T. Beck)은 우울증의 주된 원인과 증상이 부정적 사고와 연관된다고 했습니다. 우울증을 앓게 되면 자신의 과거, 현재 그리고 미래가 부정적으로 보입니다. 지금까지 살아온 자신의 삶 중에서 유독 좋지 않았던 면만 기억하게 됩니다. 현재도 좋아질 것이 없고 어느 누구와 비교해도 못나고 모자란다고 스스로를 평가절하합니다. 미래 또한 보잘것없고 앞으로도 잘될 리가 없다고 믿습니다. 하지만 객관적으로 분석하고 평가하면, 과거가 그렇게 불우하지도 않았고 현재 또한 나쁘지 않습니다. 물론 미래는 어느 누구도 알 수 없지만, 반드시 나쁘게 될 것이라고 예단할 근거는 어디에도 없습니다. 그럼에도 불구하고 우울증에 빠지면 모든 것을 부정적으로 바라보게 됩니다. 이러한 인지의 왜곡을 '우울증의 인지삼제(cognitive triad of depression)'라고 부릅니다. 과거, 현재, 미래 이 세 가지에 대한 부정적인 인지적 왜곡이 우울증의 원인이라는 것이지요.

이렇게 원인과 결과에 대한 객관적인 분석과 판단 없이 결과를 예측하는 것을 '자동사고(automatic thinking)'라고 합니다. 앞뒤 안 가리고 무조건 자기 잘못이며 앞으로도 무조건 실패할 것이라고 생각하는 것입니다. 부정적 자동사고는 모든 것을 나쁘게 해석합니다. 거래처와 협상이 잘되어 칭찬을 받으면 당연히 기뻐해야 하는데, 이런 사고를 지닌 사람은 '우연히 잘된 것뿐이야. 다음에는 잘 안 될 수도 있어'라고 반응합니다. 혹시라도 거래에 실패하면, '이번에는 안 됐지만, 다음에는 부족한 부분을 보완해서 더 잘해야지'라고 생각하기보다는 '이럴 줄 알았어. 애초에 안 되는 거였어!'라고 생각합니다.

부정적인 태도가 지배적인 사람은 자동사고의 덫에 걸릴 가능성도 높습니다. 물론 지나치게 긍정적이어서 모든 상황을 장밋빛으로만 보는 것도 좋지 않겠지만, 부정적으로만 본다면 결국에는 우울증과 같이 스스로를 파멸의 길로 몰고 갈 수 있습니다.

긍정심리학이 중요한 이유

반면 매사에 긍정적인 사람이 있습니다. 긍정에는 사람을 끌어당기는 기운과 어둠을 밝게 비추는 빛이 있기 때문에 어려운 상황에 처할수록 더 빛을 발합니다.

필자가 아는 모 회사의 영업사원 이야기를 해보겠습니다. 회사가 어려워지면 가장 먼저 타격을 받는 부서가 영업부입니다. 그는 영업부의 고참 직원으로서 큰 시련에 부닥쳤습니다. 경기가 좋지 않아 자금 압박이 심해지자 회사는 거래처 수금에 만전을 기하라는 지시를 내렸습니다. 하지만 그는 거래처들의 힘든 사정을 너무나 잘 알고 있기에 수금 이야기를 꺼낼 수 없었습니다. 다행히 그는 긍정적인 사람이었습니다. 이 고비만 잘 넘기면 회사는 틀림없이 잘될 것이라 믿었고, 거래처와의 신뢰관계도 의심하지 않았습니다. 그는 거래처에 수금을 하러 나가면, 돈 이야기는 거의 하지 않았습니다. 그냥 예전부터 알던 지인들을 만나 이야기를 나누듯이, 거래처 사장의 입장에서 이야기를 들어주고 고민했습니다.

그의 긍정적인 태도가 제일 빛을 발하는 순간은, 그에게 고민을 털어놓으면서 다른 사람들도 긍정적인 태도를 갖게 된다는 것입니다. 모두가 힘든 상황에서 그가 가진 긍정의 태도와 격려는 거래처 사장과 직원들에게도 큰 힘이 되었습니다.

결론은 이렇습니다. 경기가 나쁨에도 불구하고 그는 다른 영업사원들보다 수금률이 높았습니다. 오히려 주문이 늘어나기까지 했지요. 경기가 점차 나아지자 사내에서 그의 위상은 더 높아졌고 거래처 사장들과는 더욱 돈독해졌습니다.

이처럼 긍정의 태도는 어둠 속에서 환한 빛줄기 같은 역할을 합니다. 그 빛은 내가 나아가야 할 길을 비춰주고 주위 사람들도 긍정적으로 만들어줍니다. 이런 긍정의 태도에 주목한 심리학계에서도 심리적 안녕과 행복을 위한 긍정심리학에 관심을 갖기 시작했습니다.

펜실베이니아대학 심리학 교수인 마틴 셀리그먼은 병적이거나 고통스럽고 불편한 심리적 문제를 들추어내는 심리학이 아닌, 인간의 행복을 위한 심리학을 발전시켰는데, 이것이 바로 '긍정심리학(positive psychology)'입니다. 질병(illness)이 아닌 안녕(wellness)이 중심인 심리학이지요. '아파', '힘들어'가 아니고 '행복해'가 중심인 것입니다. 현재 삶에서 '나는 못해'가 아니고 '나는 할 수 있어'가 중심이 되는 것입니다. 미래의 내 삶에 대한 기대도, '난 안 될 거야'보다는 '난 될 수 있어'가 중심이 됩니다. 긍정의 태도 역시 긍정심리학에서 보여주는 행복과 안녕을 지향하는 태도입니다.

긍정의 태도는 어떻게 만들어지는가

긍정과 부정은 동전의 앞뒷면과 같습니다. 어떤 쪽을 택하느냐는 선택의 문제이지요. 물론 인식과 판단에 기초한 현명한 선택이 필요합니다. 인식이 첫 번째고 판단을 거쳐 선택을 하니까, 우선은 긍정적으로 인식해야 합니다. 만약 부정적 인식으로 시작한다면 판단은 물론이고 선택도 긍정적으로 하기 힘듭니다. 판단과 선택 또한 부정이 개입하면 긍정으로 흐르기 어려운 것이지요.

만약 부정적인 사고를 가진 사람과 긍정적인 사고를 가진 사람에게 물건을 사오라고 지시하고는, 물건값보다 적은 금액의 돈을 준다면 어떤 반응이 나올까요? 부정적인 사람은 돈이 모자랄 걱정부터 합니다. '돈이 적다'고 인식하는 것이지요. 적은 돈으로 가봤자 어차피 사지도 못할 것이라고 판단하고, 시장을 아예 안 가는 선택을 할 것입니다. 하지만 긍정적인 사람은 '돈이 적다'는 인식은 똑같이 하지만 '다른 방법은 없을까' 하고 긍정적인 고민을 합니다. 돈은 모자라지만 주어진 일은 해야 한다고 판단했기 때문입니다. 그렇다면 인터넷을 뒤져 싸게 살 수는 없는지 고민하거나, 지시한 상사에게 지원을 요청할 수도 있겠지요. 결과는 뻔합니다. 만약 물건을 사지 못한다 하더라도 노력에 대해서는 인정을 받게 됩니다. 역시 태도가 중요한 것입니다.

인식을 중심으로 보자면, 부정적인 인식과 긍정적인 인식이 같을 수도 있습니다. 이성적이고 차분한 사람이라면, 외부의 현상을 그대로 받아들이기 때문입니다. '물건값보다 적은 돈'이라는 점은 똑같이 인식하는 것이지요. 하지만 판단은 다릅니다. '돈이 적어도 사와야 하는 것일까?'라는 물음에 부정적인 판단을 하면 '말도 안 돼!'가 되지만, 긍정적인 판단을 하면 '다른 방법이 있을 거야!'가 됩니다. 그에 따라 선택은 판이하게 달라집니다. 꼼짝하지 않는 부정적인 선택과 힘들지만 이리저리 뛰어다녀보는 긍정적인 선택으로 나뉘는 것이지요.

태도는 외적인 표현입니다. 그것이 정서가 되었든, 사고가 되었든, 아니면 행동이 되었든 주변 사람들은 당신의 태도를 통해 당신을 판단하게 됩니다. 태도가 당신을 평가하는 잣대가 되는 것이지요.

물론 긍정의 태도를 만들기란 쉽지 않습니다. 인식, 판단, 선택의 곳곳에서 부정과 긍정이 마주치기 때문입니다. 그러니 만약 당신이 인식을 바꾸기 힘들다면, 또 판단이 서질 않는다면, 아무 생각하지 말고 긍정의 편을 드십시오. 긍정적인 선택이 때로는 섣부른 인식과 무리한 판단의 결과일지라도, 당신의 태도는 좋게 평가받을 수 있습니다. 그게 무슨 도움이 되냐고요? 긍정적인 태도를 가진 당신에게는 적어도 한 번의 기회는 더 주어질 것입니다.

Advices for good attitudes

행복해지고 싶다고요?

그럼, 당신을 둘러싸고 있는 음침하고 어두운 그늘에서

한 걸음만 더 나오세요.

밝고 따듯한 길을 따라 걸으면, 돌부리에 걸려 넘어질 일이 없답니다.

유연성

휘둘리지는 않되
숙일 줄은 아는 사람

"인생은 하나의 실험이다.
실험이 많아질수록 당신은 더 좋은 사람이 된다."
_랠프 에머슨

태도가 중요하다는 것을 절감한다 해도 전혀 바뀌지 않는 사람이 있습니다. 태도가 인간의 행복과 성공의 가장 중요한 요소이고, 후천적인 노력에 의해 바꿀 수 있는 유일한 요소라는 것을 알면서도 말입니다. 백번 깨달았다고 한들 달라지는 것이 없다면 무슨 소용이 있겠습니까.

이런 사람들의 유형은 여러 가지가 있습니다. 용기가 없어서 시작을 못하는 사람, 어떻게 해야 할지 고민만 하다가 시간을 허비하는 사람, 태도고 뭐고 다 소용없다고 자포자기한 사람…… 그리고 유연하지 못한 사고를 가진 사람들입니다.

유연하지 않으면 결국 손해는 내가 본다

요즘 운전을 하다 보면 내비게이션이 없을 때는 어떻게 운전을 했을까 싶습니다. 그런데 내비게이션은 편리한 만큼 운전자를 유연하지 못하게 만듭니다.

오랜만에 친구들과 등산을 가는 일요일 아침이었습니다. 친구의 차를 타고 산으로 향하던 중, 어떤 이유인지 평소와 다르게 길이 막

했습니다. 다른 길로 돌아가자는 의견이 나왔는데, 운전하는 친구는 내비게이션의 안내를 철석같이 믿었습니다. 다른 길로 빠져나가면 어떻겠느냐고 몇 마디 해봤지만, 끝내 차를 돌리지 않더군요. 10분이면 갈 길을 한 시간 넘게 걸려서 도착하자, 그제야 "그때 돌릴 걸 그랬나?" 하는 겁니다. 평소 우기기 잘하고 어지간해서는 자기 생각대로만 밀어붙이는 그 친구의 성격이 그날도 여지없이 드러난 것입니다.

상담 중에도 마찬가지입니다. 사고가 얼마나 유연한가에 따라서 상담의 결과가 달라집니다. 고민을 들고 와서 풀어가다 보면, 스스로의 힘으로 변화를 시도해야 할 시점이 꼭 있습니다. 심적 고통이란 자신의 내면에 있는 것이므로 결국 내가 변해야만 그 고통에서 벗어날 수 있는 것입니다. 그런데 상담이 어느 정도까지 잘 진행되다가도 어느 순간, 마치 단단한 콘크리트 담벼락을 만난 것처럼 전혀 진전이 안 되는 경우가 있습니다.

똑같이 불면증으로 괴로워하는 두 사람이 있었습니다. 상담을 해보니, 간과하기 쉬운 문제지만 두 사람 다 커피를 많이 마시는 것이 불면증의 원인으로 보였습니다. 커피를 끊어보자는 권유에 두 사람의 반응도 똑같았습니다. "예전부터 마셔왔고, 커피를 마셔도 자는 데는 문제가 없었다"는 것이었습니다.

하지만 카페인은 내성이 생겨서 잠들기 어렵게 하는 부작용은 금방 사라지는 것 같지만, 전체적인 수면의 질에는 영향을 준다는 설명에는 두 사람의 반응이 달랐습니다. 사고가 유연한 사람은 "그래요? 그럼 한번 해보지요"라고 반응했고, 다른 사람은 "커피와는 상관이 없는 게 분명합니다"라며 수면제 처방을 원했습니다. 사고가 유연하지 못한 사람을 설득하기란 쉽지 않습니다. 결국 커피를 줄이고 수면의 질이 좋아진 사람은 더 이상 상담이 필요없게 되었지만, 몇 번의 설득 끝에 겨우 커피를 줄인 사람은 그만큼 더 오래 고생을 해야 했습니다.

유연한 사고는 창조와 혁신의 근간이다

'유연성' 하면, 흔히들 몸의 유연성을 먼저 떠올립니다. 유연하지 못한 몸은 잘 다칩니다. 위험이 닥치는 순간에 몸을 재빨리 피하기 힘드니까요. 당연히 힘도 못 씁니다. 힘을 쓰는 데는 중요한 세 가지 요소가 있습니다. 우선은 근육이 얼마나 강한가에 따라 달라집니다. 두 번째는 얼마나 빨리 움직이느냐입니다. 권투선수가 뻗는 주먹은 빠를수록 힘이 실려 상대에게 더 큰 타격을 줍니다. 마지막 세 번째는 얼마나 유연한가입니다. 유연하면 할수록 움직일 수 있는 범위가 커집니다. 활시위를 더 많이 당겨서 활이 더 굽을수록 화살에 더 강한 힘이 실리는 것과 같습니다.

태도도 마찬가지입니다. 폭풍우 속에서는 제아무리 큰 나무도 부러지지만 하늘하늘 유연한 갈대는 끄떡없이 살아남습니다. 유연한 태도를 가지면 폭풍과 같은 거센 고난 속에서도 살아남을 수 있습니다. 강하지도 딱딱하지도 않지만 모든 것을 잠기게 하는 물처럼, 사람들 사이에 스며들어 부드럽게 포용하지만 어느 누구에게도 꺾이지 않을 것입니다.

유연하게 사고하는 태도는 창의적이고 혁신적인 결과물을 만들어냅니다. 창의성과 혁신이 결과라면, 그 원인에는 유연한 받아들임이 있습니다. 지금 세상을 빠르게 변화시키는 수많은 IT기업들의 혁신도 유연한 사고를 기반으로 하고 있습니다. 거대 공룡기업에 서슴지 않고 도전해 새로운 성공신화를 만들어가는 사례를 들여다보면, 그 성공의 근간에는 유연함이 전제되어 있습니다. 무엇보다 그들은 실패를 두려워하지 않습니다. 실리콘밸리는 '실패의 무덤이 쌓여서 만들어진 곳'이라고 합니다. 그들은 실패에서 새로운 교훈을 얻어 또 다른 시작의 원동력으로 삼는 것입니다. 문제나 상황을 바라보는 시각과 해법이 다양하기 때문에 가능한 일이고, 이는 유연하게 사고하는 태도가 없으면 불가능한 것입니다.

반대로 경직되거나 이분법적인 태도는 문제해결의 속도에는 도움이 됩니다. 문제에 부딪히면 아무 생각 없이 늘 해오던 대로 행동하니까 스트레스도 적습니다. 하지만 결코 혁신적이거나 창의적일 수는 없습니다.

인간관계에서도 유연하게 사고하는 태도는 빛을 발합니다. 초면이거나 잘 모르는 사람을 만났을 때 상대의 태도에 따라 그 사람에 대한 호감도가 결정되기 마련입니다. 유연하게 사고하는 사람들과 이야기를 하다 보면, 부지불식간에 그 사람의 유연함을 느낄 수 있습니다. 마치 안락의자에 앉은 것처럼, 유연하게 사고하는 태도를 갖고 있는 사람에게서는 부드러움과 편안함이 느껴집니다. 상대방이 여러 가지 가능성을 다 받아들여주니, 이해받는다는 느낌과 동시에 공격받지 않을 것이라는 안도감을 느끼기 때문이지요.

반대로 편협한 사람과의 만남은 즐겁지 않습니다. 가시방석에 앉은 것처럼 불안하고 늘 긴장해야 합니다. 상대가 마음을 열지 않고 내 허점만 노리고 있다는 느낌을 받기 때문입니다. 유연하게 사고하는 태도를 갖고 있는 사람에게 보다 많은 사람들이 마음을 열고 다가서는 건 당연한 결과입니다.

유연하게 사고하는 태도는 어떻게 만들 수 있나

일단 어떤 것이 유연하고 어떤 것이 그렇지 않은지를 이해해야 합니다. 간혹 유연하게 사고하는 태도와 갈피를 못 잡고 우왕좌왕하는 우유부단한 태도를 헷갈리는 경우가 있습니다. 그런데 유연한 사람은 잘 구부러지기는 하지만, 구부러질 것인가 말 것인가를 스스로 결정하고 그에 따른 책임도 스스로 집니다. 반면, 단순히 남의 의견에 휘둘리는 귀 얇은 사람들은 일이 틀어질 경우 책임을 전가하거나 남 탓을 하게 됩니다. 이처럼 유연하게 사고하는 사람은 경험을 바탕으로 자신만의 독특한 태도를 형성해가지만, 그저 남을 따라 흉내만 내는 사람은 결코 자신만의 독특한 태도를 만들 수 없습니다.

유연한 사고가 무엇인지 알았다면, 그다음에는 누구나 태도를 바꾸는 일은 쉽지 않다는 것을 인정해야 합니다. 다시 말해, 현재 당신이 갖고 있는 태도는 그것이 좋건 나쁘건 그렇게 굳어진 이유와 나름의 역할이 있습니다. 예를 들어 변화에 대한 자신감이 없는 경우, 그 두려움을 이기기 위해 오히려 몸에 익은 패턴을 고집할 수 있습니다. 아니면 스트레스를 줄이기 위해 습관적으로 아무 생각 없이 행동할 수도 있지요. 두려움과 불안을 이겨내야 한다는 건 알지만, 그 스트레스 때문에 힘들고 괴로우면 어쩌나 하는 걱정이 무의식적으로 작용하기 마련입니다. 그렇기 때문에 유연하게 사고하는 태도를 쉽게 얻을 수 있으리라는 기대는 접는 것이 좋습니다.

이 모든 것을 이해했다면, 이제는 연습이 필요합니다. 마치 요가와 같습니다. 처음에는 양반다리를 하고 앉기도 불편하지만, 연습을 하면 할수록 유연성이 늘어나 마침내 가부좌를 틀고 앉아 턱이 바닥에 닿도록 허리를 구부릴 수 있게 됩니다. 부단히 연습을 해야 함은 물론이거니와, 그 과정에서 어쩔 수 없이 경험하게 되는 불안과 통증을 감수해야 합니다. 일종의 '유연성 훈련'이 필요한 것이지요.

유연성 훈련은 '일상의 변화'로부터 시작할 수 있습니다. 매일 가던 출근길을 조금 다른 길로 가봅니다. 지하철을 주로 이용했다면 버스를 타보세요. 출근하자마자 처음 만난 동료에게 그저 씩 웃어만 주었다면, 오늘은 '좋은 아침!'이라고 말해보십시오. 매일 마시던 커피의 종류를 바꾸는 것도 일상의 변화입니다. 어떤 일이든 습관적으로 하던 것이라는 생각이 들면 일단 바꿔보세요.

두 번째 유연성 훈련은 '자문자답'입니다. 자신이 하는 말이나 행동에 집중하고, '왜' 그렇게 말하고 생각했는지 자문하고, 그에 대한 답을 달아보는 겁니다. 출근길에 무심히 "다녀올게"라고 말하며 집을 나섭니다. 왜 인사를 하나요? 일상적인 반복으로 의미가 퇴색될 수도 있지만, 아침 인사는 사랑하는 사람에게 관심을 갖고 애정을 표현하고자 하는 목적이 있습니다. 그렇다면, 이렇게 바꿔보는 겁니다. "오늘도 파이팅! 사랑해." 그 말은 들은 아내나 남편은 화들짝 놀라겠지만 이내 얼굴에 웃음이 번지고 행복해집니다. 늘 하던 말 속에 담긴 의미를 다른 방식으로 표현하면 일상은 더 소중하고 행복해질 수 있습니다. 출근길에 늘 습관처럼 지인의 SNS를 훑어본다면, 그중 한 친구에게 따로 카톡이나 메시지를 보내 안부를 물어보는 건 어떨까요? 관계는 관심과 노력으로 더욱 깊어집니다.

세 번째 유연성 훈련은 '새로운 도전'입니다. 그동안 배워보고 싶다고 생각만 했던 것을 실천해보는 거지요. 외국어나 댄스를 배우거나 스킨스쿠버 자격증에 도전해보세요. 요즘 남자들도 요리를 배우는 게 유행입니다. 아내 대신 앞치마를 두르고 저녁식사를 직접 차려보는 건 어떨까요? 새로운 시도는 창의력과 문제해결 능력을 배양시켜줍니다. 새로운 작업을 하는 동안 뇌를 많이 사용해야 하는데, 그 과정에서 뇌신경세포가 자라나 유연성이 길러지는 것입니다.

유연하게 사고하는 태도는 삶을 부드럽게 하는 힘입니다. 부드러움 속에 창의와 혁신이 존재하고, 다툼과 주장보다는 이해와 배려가 넘칩니다. 삶에서 성공과 행복이란 어디에서 올지 모릅니다. 이미 당신 주머니에 있을 수도 있습니다. 나를 둘러싼 모든 것을 유연하게 생각하고 바라볼 때 성공과 행복 또한 가던 길을 멈추고 당신을 향해 다가올 것입니다.

Advices for good attitudes

요가의 유연함은 긴장된 몸에서는 나올 수 없습니다.

유연한 태도로 역경을 이겨나가려면,

긴장을 풀고 몸과 마음의 여유를 갖는 것이 중요합니다.

자, 눈을 감고 삶의 호흡을 천천히 가다듬어봅시다.

겸손

자신을 낮추면
더 높아지는 것을 아는 사람

"겸손하게 위대해질 때 우리는 위인에 가까워진다."
_라빈드라나트 타고르

대학시절 태도가 판이하게 다른 두 친구가 있었습니다. 한 친구는 지방의 소도시에서 올라왔고, 한 친구는 소위 강남 8학군 출신이었습니다. 그런데 '시골 쥐, 서울 쥐' 이야기와는 반대로, 지방에서 올라온 친구가 오히려 허세가 심했습니다. 반면 서울 친구는 모든 일에 겸손했습니다.

의과대 학생들은 워낙 공부할 것이 많습니다. 같은 과목을 공부해도 서로 잘 아는 부분이 다를 수가 있어서 그룹스터디를 많이 하지요. 그런데 '허세 친구'는 친구들이 설명해주려고 하면 항상 "괜찮아, 다 아는 거야"라고 했습니다. 친구들이 의아해하며 몇 가지 질문을 하면, 애매하게 답하면서 둘러대곤 했지요. 하지만 시험에서는 애매한 답이 통하지 않습니다. 성적이 좋지 않을 수밖에요. 반면에 '겸손 친구'는 조금이라도 이해가 안 가면 서슴지 않고 친구들에게 물었습니다. 당시 지적 허영심에 들떠 있던 우리는 그 친구가 이해할 수 있도록 성심껏 가르쳐주었습니다. 친구들에게 개인교습을 받으며 공부했으니 그 친구의 성적은 좋을 수밖에 없었습니다.

최근 동창회에 가보니 다행스럽게도 '허세 친구'는 좀 겸손해졌고, '겸손 친구'는 오히려 없던 허세가 생겨 있었습니다. 최근에 학과 과장이 되면서 어깨에 자연스럽게 힘이 들어간 것입니다. 반면 '허세 친구'는 자신의 태도에 대해 여러 차례 공격을 당하면서 꽤 시련을 겪었다고 합니다. 그 친구는 기초학교실에 남아 실험하고 논문을 많이 써야 했는데, 의학 논문은 있는 사실만 써야 하고 실험 결과를 놓고 분석적으로 공격하는 분위기여서 허세가 허용되지 않았다더군요. 두 친구의 변화를 보면서, 확실히 태도는 삶의 굴곡에 따라 변한다는 것을 확인할 수 있었습니다.

자기PR이 허세가 되지 않으려면

마하트마 간디(Mahatma Gandhi)는 "삶의 경이로움을 느끼기 위해서는 먼지와 같이 겸손해야 한다"고 말했습니다. 하지만 요즘과 같은 경쟁의 소용돌이 속에서는 생존을 위해 허세가 필요하기도 하고, 내 '꼴'대로만 사는 걸 포기해야 할 때가 더 많습니다. 남과 경쟁하려면 내가 있다는 사실을 알려야 하니까요.

자신을 잘 드러내 보이는 것이 나쁜 것은 아닙니다. 사회적 트렌드의 관점에서는 물론이고, 대인관계의 핵심 중 하나인 자기표현이라는 관점에서도 중요합니다. '자기PR'이 생존의 필수조건이 된 시대이기 때문입니다.

자기PR은 대외관계를 뜻하는 'PR(public relations)' 앞에 '자기'를 붙여서 만든 말입니다. '자기홍보'라고도 하는데, 잘못 이해하면

'내가 이렇게 잘났소'가 됩니다. 하지만 PR의 본래 의미는 대중에게 어떤 존재나 가치를 알리는 것에 있습니다. 자기PR은 '남에게 자신을 인식시키는 과정' 정도가 되겠지요. 대중에게 자신의 존재를 알리려면, 조금 튀어야 합니다. 아니, 피상적이고 자극적인 것들이 넘쳐나는 세상이니 많이 튀어야 하겠군요. 이처럼 남들이 보지 못하는 자신의 모습을 보여주는 노력이 나쁠 이유는 없습니다. 조금은 과장되어도 남에게 해를 주지만 않는다면, 모두가 즐겁고 행복하다면, 이 또한 나쁠 것도 없습니다.

그래서 어느 정도의 허세는 삶에 긍정적인 영향을 미칠 수도 있습니다. 소위 '허세 효과'라는 것이 있습니다. 일종의 '이미지 메이킹'을 말하지요. 용맹스럽게 갈기를 세우고 포효하는 수사자도 실은 허세덩어리입니다. 새끼를 키우고 사냥을 하는 등 실생활의 일꾼은 암컷입니다. 멋진 꼬리깃털을 뽐내는 수공작도 마찬가지지요. 공작쇼 내내 뛰어다니는 것은 실은 암컷들이니까요. 암컷이 힘들든 말든, 수컷은 용맹스럽거나 화려하다는 이미지로 먹고삽니다. 사람도 별반 다르지 않습니다. 말만 앞서는 정치인의 경우를 보면 말입니다.

하지만 허세가 지나쳤을 때의 피해에 비하자면, '허세 효과'는 미미합니다. 사람은 큰 목소리에 귀를 기울이고 희한한 것, 낯선 것, 신기한 것에 눈을 돌립니다. 하지만 그 순간뿐입니다. 시간이 흐르면 스스로 잘못 듣고 잘못 본 것을 깨닫게 됩니다. 결국 허세라는 것은 오래지 않아 낱낱이 밝혀지게 되어 있습니다. 기대하며 한 껏 고무되었던 사람들은 그만큼 큰 실망을 안고 떠납니다. 허세는 신망을 잃고, 사람을 잃고, 자신마저 잃게 만듭니다.

자신을 드러내고자 할 때는 물잔에 물을 따르는 것과 마찬가지로 물이 넘쳐 바닥을 적시게 해서는 안 됩니다. 어느 정도 차올랐다면 넘치기 전에 멈춰야 합니다. 지나치나 미치지 못하나 그게 그것, 즉 과유불급(過猶不及)이기 때문이지요.

공자에게는 자장과 자하라는 두 제자가 있었습니다. 어느 날 공자는 "자장과 자하 두 사람 중 누가 더 뛰어납니까?"라는 질문을 받습니다. 공자는 "자장은 좀 지나쳐서 문제고, 자하는 좀 미치지 못해서 문제지"라고 답합니다. 얼핏 들으면 자장이 더 낫다는 것으로 들리겠지만, 공자는 이렇게 갈무리합니다. "지나친 것은 결국 미치지 못한 것과 같은 것일세." 공자의 가르침처럼 자기홍보가 허세가 되지 않으려면 과유불급의 가르침을 잊지 말아야 합니다.

겸손은 나를 위한 미덕이다

반면 겸손의 태도는 스스로를 높이는 방법입니다. 시작은 남을 높이고 자신을 낮추는 것이지만, 끝에는 한없이 성장하는 자신을 볼 수 있습니다. 높여준 남보다 자신이 더 높이 올라갈 수 있는 것이 겸손의 태도가 주는 선물입니다.

겸손은 '열린 사고'를 할 수 있게 합니다. 사람은 자신보다 학식이나 지위가 높은 사람에게는 무언가 가르침을 얻으려고 하지 주지는 않습니다. 물의 흐름과 같이 지혜는 높은 곳에서 낮은 곳으로 흐른다고만 생각합니다. 하지만 생각을 겸손하게 하다 보면, 세상 모든 지혜와 이치가 내 머릿속으로 차곡차곡 쌓이게 됩니다.

유비가 제갈량의 마음을 연 것도 바로 겸손의 미덕 때문이었습니다. 유비에게는 만 명의 적을 대적할 수 있다는 관우와 장비가 있었지만 번번이 조조에게 패하고 맙니다. 그 이유가 적절한 전술을 마련할 지혜로운 참모가 없기 때문임을 깨달은 유비는 사람을 물색하던 중 초야에 묻혀 사는 제갈량을 찾게 됩니다. 유비는 제갈량을 맞기 위해 그의 누추한 초가집을 찾아갔으나, 세 번째에야 비로소 그를 만날 수 있었습니다. 당시 제갈량은 27세였고, 유비는 47세였습니다. 겸손의 태도가 없었다면 유비는 삼고초려하지 않았을 것이고, 제갈량이라는 '세상의 모든 지혜'를 얻지 못했을 것입니다.

이처럼 사람을 얻으려면 반드시 겸손의 태도를 가져야 합니다. 겸손한 사람은 상대를 편안하게 해주기 때문에 만나고 나면 기분이 좋아집니다. 다시 만나고 싶어지지요. 겸손한 태도가 상대의 존재감과 가치감을 더 높여주기 때문입니다. 또한 마음을 행복하게 해주지요.

겸손은 경쟁심에 사로잡힌 현대인에게 꼭 필요한 태도입니다. 겸손한 태도는 실수에 너그럽습니다. 남에게도 너그럽지만, 자신에게도 너그럽습니다. 이러한 마음은 지나친 생리적 긴장 상태를 완화해서, 몸과 마음 모두가 편안해지고 즐거워지는 효과가 있습니다.

겸손의 태도가 지닌 특징

겸손의 태도를 키우기 위해서는 그 특징을 알아야 합니다. 무조건 머리를 숙인다고 다 겸손해지는 것이 아닙니다. 겸손의 태도를 사고의 요소로 구분 짓는 것은, 행동의 변화보다는 사고의 변화가 있어야 진정으로 겸손해질 수 있기 때문입니다. 겸손한 태도의 특징을 잘 알고 그것에 맞는 노력을 기울이면, 보다 쉽게 겸손의 미덕을 갖춘 사람이 될 수 있습니다.

톨스토이(Leo Tolstoy)는 "겸손은 이상한 것이다. 가졌다고 하는 순간 사라지고 만다"고 했습니다. 스스로 자신을 겸손하다고 생각하는 것 자체가 허세라는 이야기입니다. 지금까지 겸손의 태도를 이야기하면서 허세에 대해 언급한 것도 진정한 겸손은 '겸손하고자 하는 과정'임을 보여주기 위해서입니다. 허세를 멀리하려는 노력 자체가 겸손의 태도인 것입니다.

이러한 겸손한 태도가 지닌 첫 번째 특징은 '과정'이라는 것입니다. 결과보다 과정을 즐기면 쉽게 지치거나 실망하지 않습니다. 겸손의 태도를 유지하지 못했다고 실망하기보다는, 겸손하지 못한 자신을 발견하는 일이야말로 진정한 겸손이니까요.

'겸손'의 사전적 풀이는 '남을 존중하고 자기를 내세우지 않는 태도'입니다. 그런데 남을 존중하기는 쉬워도 나를 내세우지 않기는 어렵습니다. 그래서 상대를 존중하는 것보다는 나를 낮추는 데 더 많은 에너지가 필요합니다. 상대가 훌륭하면 저절로 존중할 수 있지만, 상대가 나보다 높지 않음에도 나를 낮추는 것은 저절로 되는 일이 아니기 때문이지요. 결국 얼마나 존중할 수 있느냐는 내가 나를 얼마나 낮출 수 있느냐에 달린 문제입니다.

그런데 겸손한 사람들이 흔히 가질 법할 수동적인 자세는 진정한 겸손의 특징이 아닙니다. 겸손한 태도의 두 번째 특징은 '능동성'입니다. 능동적인 겸손이란 사고 속에서 의식되어야 합니다. 당연히 시간이 흘러 몸에 밴다면, 무의식적으로 겸손하게 되겠지만요.

세 번째 특징은 '절제'입니다. 허세를 억제하기 때문이지요. 허세는 본능적인 요소가 있습니다. '남들에게 영향을 끼치고 싶은' 마음은 누구나 갖고 있는 본능입니다. 본능은 함부로 없앨 수도, 완전히 없앨 수도 없습니다. 그래서 더 경계해야 합니다. 나도 모르게 튀어나와서 손해를 끼칠 수도 있는 본능적인 허세를 누르는 절제가 곧 겸손의 태도입니다.

허세도 나름의 특징이 있습니다. 허세의 특징을 알면 경계할 수도 있겠지요. 허세는 실은 자신이 없어서, 잔이 다 차지 않았다는 두려움에, 혹시 남이 나를 인정하지 않으면 어쩌나 하는 인정의 욕구 때문에 시작됩니다. 그런 측면에서 허세는 정신건강에 있어 '양날의 칼'인 셈이지요. 심리학적으로 '나르시시즘'과 '자기과시'의 복합체입니다. 만일 진정성과 능력을 겸비한다면, 허세는 갈등과 스트레스에서 해방시켜줄 건전한 '정신방어기제(mental defense mechanism)'로 작용할 수도 있을 것입니다. 하지만 근거 없는 자기과시와 이기적인 자기애는 대인관계를 파괴하고 현실 판단력을 무디게 만들어 갈등과 스트레스를 유발시킵니다. 미성숙한 인간의 전형이 될 수 있지요. 허세에서 벗어나려면, 남의 시선에서 자유로워야 합니다. 진정성과 능력을 갖추도록 노력해야 함은 두말할 필요도 없습니다.

Advices for good attitudes

물은 위에서 아래로 흐릅니다.

겸손은 낮은 곳에 위치하는 것입니다.

높은 곳에 있는 관심과 애정은, 믿음과 편안함이라는 강을 따라 흘러들어

행복과 성공의 호수를 이룹니다.

배려

타인의 마음에
의자가 되어주는 사람

"다른 사람에게 친절하고 관대한 것이
자기 마음이 평화를 유지하는 길이다.
남을 행복하게 할 수 있는 사람만이 행복을 얻을 수 있다."

_플라톤

현대 사회의 가장 큰 사회문제 중 하나가 바로 소통의 어려움입니다. 그런데 아이러니하게도 우리 손에는 24시간 스마트폰이 들려 있고 남녀노소 누구나 SNS로 실시간 소통을 하고 있습니다. 한마디로, 복잡한 관계로 얽혀 있어 말은 많아졌지만 진정한 소통은 어려워진 시대입니다.

TV 프로그램도 소통이 주된 주제이자 형식입니다. 한두 명의 말 잘하는 진행자는 물론이고, 열 명이 넘는 때로는 백 명 이상의 출연자들이 서로 이야기를 주고받으며 재미를 주려고 합니다. 말을 많이, 그것도 독한 이야기를 해야 화면에 한 번이라도 더 나오기 때문에 방송인의 말은 더 많아지고 더 독해집니다.

그렇게 말 많은 한 예능 프로그램에서 "남자가 섹시해 보일 때는 언제냐?"고 묻더군요. 식스팩이 선명한 복근 등 육체적 매력을 이야기하거나 노골적으로 명품백을 선물해줄 때 섹시해 보인다고 말하는 여성 출연자들이 있었습니다. 하지만 가장 귀에 쏙 들어오는 말은 '진심으로 배려해주는 남자'였습니다. 정답입니다! 배려가 가장 강력한 사랑의 묘약임은 옛사람들도 다 알고 있었습니다. 연애를 소재로 한 희극으로 유명한 고대 그리스의 극작가 메난드로

스(Menandros)는 "마음을 자극하는 유일한 사랑의 영약은 진심에서 나오는 배려다. 남자는 언제나 그것에 굴복한다"는 명언을 남겼습니다.

동정과 배려는 어떻게 다른가

누구나 배려가 중요하다는 것은 다 압니다. 하지만 남을 배려하기가 쉽지는 않습니다. 자칫 나의 배려가 상대방에게는 값싼 동정으로 받아들여져 오히려 화를 부르기도 합니다. 그래서 진정한 배려는 우선 내 행동으로 변화할 상대의 감정을 되짚어본 후에 실행되어야 합니다.

영화 〈언터처블〉은 배려와 동정의 차이를 잘 보여줍니다. 운동 기능과 감각 기능을 상실한 부유한 귀족 필립과 건달처럼 생활하는 빈민가의 흑인 드리스의 우정을 그린 영화입니다. 이 영화에서 드리스는 필립의 일상생활을 도와주는 역할을 합니다. 일반적이라면 필립의 지시에 따라야겠지요. 그가 고용주니 그저 직업적인 수행을 하면 됩니다. 하지만 드리스는 달랐습니다. 필립이 정말 원하는 것이 무엇일까 생각하고 그에 따라 행동했습니다. 처음에는 좌충우돌 필립과 마찰도 있었지만, 그를 진심으로 대하면서 필립의 진심도 깨달은 것입니다. 필립은 장애가 없는 사람처럼 대해주기를 바랐습니다. 운동 능력은 없지만 정신적인 능력까지 장애인 취급을 하는 것이 못마땅했던 것입니다. 드리스는 이런 필립의 마음을 알고 배려했습니다. 만일 그를 동정하는 태도를 취했다면 두 사람은 결코 친구가 될 수 없었을 것입니다.

이런 장면이 있습니다. 필립의 휴대폰이 울리자 드리스가 필립에게 휴대폰을 건네면서 아무렇지도 않게 전화를 받으라고 합니다. 필립은 흠칫 놀랐지만 자신의 장애를 잊고 정상인처럼 대하는 드리스에게 끌리기 시작합니다. 필립은 이렇게 말합니다. "그와 함께 있으면 내가 장애인이라는 걸 느끼지 못해." 그리고 영화 말미에 필립은 드리스에게 "자네를 알게 돼서 행복했네"라고 말합니다. 실화를 바탕으로 만들어진 이 영화에서, 전혀 다른 환경에서 살아온 두 사람의 관계가 우정으로 발전할 수 있었던 것은 바로 공감이 함께하는 진정한 배려가 있었기 때문입니다.

배려는 '타인을 도와주거나 보살펴주려는 마음'입니다. 그런데 남을 도와주거나 보살펴줄 생각을 한다는 것이 쉽지만은 않습니다. 우선 타인에 대한 관심이 있어야 합니다. 관심이 없다면 배려도 무용지물입니다. 그래서 관심과 배려는 짝꿍입니다. 관심은 배려의 시작이지요. 관심은 그저 호기심이기도 하지만, 그 대상에게 내가 갖고 있는 시간과 에너지를 쏟겠다는 의지의 표현입니다. 그리고 실질적으로 시간과 에너지를 쏟는다면, 바로 배려가 되는 것이지요. 관심의 표현이 배려가 되는 것입니다. 관심이 없는 사람에게는 시간을 나눌 리도, 에너지를 쏟을 리도 없습니다. 연애도 일도 마찬가지입니다.

물론 관심만으로 모두 배려가 되지는 않습니다. 배려에는 양보 또는 약간의 희생이 따릅니다. 회사 엘리베이터 안에서 막 문이 닫히려고 하는 순간 뒤늦게 타려는 사람을 위해 열림 버튼을 눌러주는 것이 배려입니다.

그렇다면 배려와 희생은 어떻게 다를까요? 때로 지나친 희생을 하면서 배려라고 착각하는 경우가 있습니다. 늘 희생하고 양보해야 좋다고 믿는 것이지요. 그런 사람들은 타인들 역시 자신들처럼 배려하지 않는다는 사실에 불만과 분노를 품고 있습니다. 그들의 마음속에는 강박적인 욕구가 있습니다. '내가 하는 만큼 상대도 해주어야 한다'는 욕구와 '이렇게까지 했으니 내 희생을 인정해주겠지!' 하는 기대 말입니다. 하지만 이런 욕구는 좌절당하기 쉽습니다. 배려를 받는 입장에서는 그런 대가를 지불하면서까지 바란 것은 아니니까요.

더 큰 문제는, 타인의 인정에 대한 욕구가 좌절되면 불안한 마음에 더 큰 희생을 치러서라도 인정을 받으려고 하는 것입니다. 이런 상황이 반복되면 결국에는 내면에 쌓인 불만과 분노로 인해 스스로 더 큰 고통을 받게 됩니다. 배려의 중심은 어디까지나 자신에게 있습니다. 스스로 즐길 수 있는 일이어야 지속적으로 할 수 있습니다. 즐거움 없는 희생뿐이라면 진정한 배려가 아닙니다.

배려의 반대, 무관심과 독단

배려가 인간관계에서 얼마나 중요한 것인가는 반대되는 태도를 생각해보면 알 수 있습니다. 배려의 시작인 관심이 없는 경우입니다. 타인에 대한 과도한 관심으로 오지랖이 넓다는 이야기를 듣는 사람들도 삶이 평탄치는 않지만, 관심이 전혀 없는 사람보다는 낫습니다. 무관심은 어울려 사는 사람들에게는 제일 끔찍한 것입니다. 가장 잔인하고 무섭지요. 미움보다 더 사람을 힘들게 하는 것이 무관심입니다.

부부 사이의 관계를 봐도 그렇습니다. 죽고 못 살아서 결혼했지만, 세월이 흘러 남편과 아내가 서로 무관심해지면 결혼생활에는 빨간불이 켜집니다. 무관심 이전에 미움과 분노라도 존재하면 감정의 교류가 있으니 개선의 여지가 있습니다. 하지만 무관심의 단계로 접어들면 더 이상 싸울 일조차 없으니 때론 이혼이 약이 되는 경우도 있습니다.

매사에 무관심한 사람은 스스로도 괴롭겠지만, 주위의 모든 것을 불행으로 이끕니다. 사람들이 멀리할 수밖에 없고, 결국 스스로를 혼자만의 감옥에 가두게 됩니다.

무관심한 사람들도 종류가 있습니다. 성격 자체가 남들과 어울리는 것을 피하는 경우가 있고, 관심은 많지만 제대로 표현 못하는 경우도 있습니다. 후자라면 '감정의 문제'일 경우가 많습니다. 불안이나 우울한 기분, 또는 소심함 때문입니다. 하지만 성격 자체가 남들과 어울리는 것을 싫어하는 것은 '생각의 문제'입니다. 이런 사람들은 타인에 대한 관심이 없을 뿐만 아니라 관심을 받는 것조차 싫어하는 경우가 많습니다. 관심은 그들 삶에 그다지 중요한 요소가 아닙니다.

타인에 대해 관심은 있지만 자기 고집대로 살려는 독단적인 태도를 갖고 사는 사람들도 있습니다. 이런 사람들은 의견이 맞아 자신을 따르거나 옹호해주는 사람에게는 통 큰 양보를 하기도 합니다. 그러나 자신과 의견이 다른 사람들에게는 눈곱만치의 배려도 없습니다. 그에게도 사람이 따르지 않기는 매한가지입니다. 독단적인 상사 밑에는 창의적인 아이디어를 내고 최선을 다해 일할 직원이 존재하지 않는 것도 같은 이치입니다.

배려의 태도를 이루는 세 가지 요소

어떻게 하면 배려의 태도를 만들 수 있을까요? 배려의 태도를 이루는 세 가지 요소를 알면 됩니다. 첫 번째는 '관심'입니다. 호기심과는 조금 다릅니다. 내가 좋아하는 것을 선택해서 집중하는 것입니다. 이 배려 속 관심에는 반드시 수고가 따릅니다. 두 번째는 '공감'입니다. 공감하지 못하는 배려는 영혼 없는 친절 혹은 동정일 뿐입니다. 상대에게 상처만 주게 되지요. 상대에게 진정성을 인정받는 배려는 공감이 전제되어야 합니다. 세 번째는 '희생'입니다. 다만 타인의 인정을 받기 위한 희생을 해서는 안 됩니다. 배려하는 주체 역시 즐거움을 느껴야만 진정한 배려가 되는 것입니다.

배려의 태도는 기쁨입니다. 나의 배려를 받은 사람이 기뻐하는 모습을 보면서 나 역시 기쁨을 느끼는 상호 피드백의 과정이 있어야 삶의 태도로 자리 잡을 수 있습니다. 사람에 따라서는 상대방의 배려를 그저 당연한 것처럼 받기만 하는 경우도 있지만, 성숙한 사람은 상대의 배려에 행복해하고 그 사람에게 관심을 갖게 됩니다.

그래서 배려의 태도는 다른 사람의 마음을 사기에 아주 좋은 방법입니다. 누구나 배려를 받으면 감사한 마음이 들고 받은 만큼 돌려주고픈 마음이 생깁니다. 이는 인간의 본능과도 같습니다. 적과 아군을 구별해 적에게는 적대감을, 아군에게는 호감을 갖는 생존본능과 마찬가지입니다. 배려는 상대가 당신을 아군으로 인정해줄 수 있는 아주 좋은 식별신호인 셈입니다.

Advices for good attitudes

다음 사람을 위해 문을 닫지 않고 잡아주는 것이 배려입니다.

당신이 잡고 있는 것은 단순한 문이 아닙니다.

마음의 문이라는 것을 잊지 마십시오.

뒤따라 들어온 그 사람은 당신을 위해 마음을 열 테니까요.

인내

힘들게 참아내고
그 결실을 즐기는 사람

> "나의 고통이 점점 커져갔을 때,
> 이 상황에 대처하는 두 가지 방법이 있다는 것을 곧 알아차렸다.
> 고통스러운 반응을 보이는 것과 고통을 창조의 힘으로 변화시키는 것.
> 나는 후자를 선택했다."
>
> _마틴 루서 킹

피트니스는 참 심심한 운동입니다. 상대와의 대결을 통해 짜릿한 승리감을 맛볼 수 있는 운동도 아니고, 스킨스쿠버처럼 신비로운 바닷속 세계의 황홀경에 빠질 수도 없고, 달리기의 '러너스하이(runner's high)' 같은 쾌락도 없습니다. 특히 중년의 나이에는 제아무리 공들여 만들어놓은 근육이라도 불과 몇 주만 운동을 게을리하면 없어집니다. 그렇지만 체중이 늘지 않는다는 것, 허리가 줄고 가슴팍이 넓어져 옷맵시가 나고 남자답게 보인다는 것, 하루종일 일을 해도 덜 피곤하다는 것 등 몇 가지의 장점을 떠올리며 지루한 운동을 이어나갑니다.

그런데 어느 날, 이 심심한 운동을 더 열심히 해야겠다고 다짐하게 되는 계기가 생겼습니다. 운동을 마치고 샤워를 하는데 필자를 알아보는 사람이 있었습니다. 같이 공부를 하던 지인이었습니다. 적잖이 당황했지만 곧 오랜만이라며 이런저런 이야기를 나누었습니다. 그러던 중 그가 힐끗 저의 몸을 쳐다보더니 "제가 이상적으로 생각하는 중년의 몸이십니다"라고 하는 게 아닙니까. 그는 비만 치료의 일인자로 소문이 자자한 분이셨습니다. 물론 인사치레로 한 말인지도 모르겠지만, '고생 끝에 낙'을 느끼는 순간 더 열심히 운동을 해야겠다는 각오를 다지게 되더군요.

우리가 인내하지 못하는 이유

'인내는 쓰고 그 열매는 달다'는 것을 모르는 사람은 없습니다. 그런데 우리는 왜 인내하지 못하는 걸까요? 첫 번째 이유는 바로 '불안'하기 때문입니다. 예를 들어, 치과에서 치료의자에 앉아 입을 벌리고 있다 보면 치과의사가 늘 하는 말이 있습니다. "조금만 참으면 됩니다." 하지만 그 조금을 도저히 참을 수 없습니다. 아프기 때문입니다. 그런데 잘 생각해보세요. 실제로 치료 이전에 느끼는 공포가 치료받을 때의 통증보다 더 두렵지 않나요? 치료의자에 앉는 순간, 전기의자에 앉는 듯한 두려움이 앞섭니다. 옆에서 들리는 기계적 소음이 마치 고문도구에서 나는 소리 같습니다. 치료를 기다리는 동안 정말 뛰쳐나가고 싶은 심정입니다. 오죽하면 천장에 모니터를 장치하고 만화영화를 틀어주는 아이디어를 냈겠습니까. 정작 치료를 받는 동안은 자포자기의 심정으로 잘 참아냅니다만, 치료받기 직전까지의 불안은 고통을 당하는 동안보다 더 극심하게 우리의 인내를 시험합니다.

'절망'도 인내를 시험합니다. 필자가 거래하던 은행이 아주 어려웠던 시절, 친하게 지내던 30대 중반의 은행원이 회사를 그만두어야 할 것 같다며 하소연을 해왔습니다. 다음 달에 정리해고를 시행

한다는 것이었습니다. 해고 대상이냐고 묻자, 그런 건 아니지만 도저히 불안해서 못 다니겠다는 겁니다. 무엇이 불안하냐고 물으니, 그만둔 이후의 상황이 너무 두렵답니다. 결혼한 지 얼마 안 돼서 집 마련하느라고 빚도 많이 졌고, 이제 아이도 낳아야 하고, 무엇보다 가족들의 걱정이 너무 무섭답니다. 그에게 조언을 했습니다. 정리해고가 된 후에 힘들면 바로 상담을 하러 오라고 말입니다. 상담만 받으면 금방 좋아질 것이라는 약간 과장된 조언도 했지요. 그는 안심한 표정으로 '꼭 찾아뵙겠다'고 했습니다. 다행히 그는 찾아오지 않았습니다. 아직도 은행에 잘 다니고 있으니까요. 이렇게 대부분의 사람들은 일어나지 않을 일에 대한 불안으로 절망합니다.

얼마 전 인터넷 매체 〈티타임즈〉에서 이런 기사를 읽었습니다. 사회학자이자 코넬대 교수인 칼 필레머(Karl Pillemer)가 2004년부터 '인류 유산 프로젝트'를 진행하면서 65세 이상 노인 1,500명에게 "인생에서 가장 후회되는 것이 무엇인가?"라는 질문을 했다고 합니다. 그 답은 무엇이었을까요? 뜻밖에도 "너무 걱정하며 살지 말걸 그랬다"였습니다. 이처럼 인간은 아직 오지 않은 미래를 미리 불안해하고 걱정하며 살고 있는 것입니다.

인내가 어려운 또 다른 이유는, 너무 많은 선택을 해야 하기 때문입니다. 선택의 순간에는 불안이 도사리고 있습니다. 입시, 취업, 결혼, 투자 등 인생의 모든 중요한 순간에 우리는 선택을 해야 합니다. 선택이 옳았는지는 그 순간에는 절대 알 수 없습니다. 그러니 불안할 수밖에요. 설사 내가 한 선택이 잘못된 것이라고 해도 인내하고 더 발전적인 방법을 모색하다 보면 결과는 달라질 수도 있는데, 대개는 중도에 포기하고 맙니다.

인내의 태도, 언제나 쓰지만은 않다

인내의 태도는 긍정적인 결과를 도출할 때가 많습니다. 무엇보다 불안을 이겨내는 힘을 길러줍니다. 대부분의 사람들은, 불안이라는 괴물이 한도 끝도 없이 커져서 자신을 삼켜버릴 것이라고 착각합니다. 풍선에 바람을 넣다 보면 부풀어오르다가 마침내 '뻥' 소리를 내며 터지듯이 말이지요. 하지만 불안은 점차 늘어나다가 일정 정도가 되면 가라앉습니다. 우리 몸이 그렇게 만듭니다.

불안은 우리 몸이 갖고 있는 일종의 방어작용입니다. 외부의 위협에 대항하여 자신을 보호하도록 신경계와 호르몬계가 작동해서, 심리적으로 또 신체적으로 싸울 준비를 시키는 것입니다. 심장은 두근거려 혈액 공급을 원활히 하고, 동공은 커져서 위협을 잘 보게 하고, 호흡은 빨라져서 산소를 원활하게 공급하고, 근육은 경직되어 힘을 쓰기 좋게 만드는 등 몸이 싸울 준비를 하는 동안, 우리 마음은 좀 더 경각심을 갖고 주변의 변화에 예민하게 반응하도록 심리적으로도 준비를 합니다.

그런데 다른 여러 가지 신체시스템과 마찬가지로 불안시스템도

'되먹이기(feedback)'를 합니다. 어느 정도의 불안에 도달하면, 흥분된 몸과 마음을 가라앉힐 신경계와 호르몬계의 활동이 활발해집니다. 웬만큼 건강한 상태라면 '되먹이기'에 의해 우리 몸과 마음은 이전의 상태로 돌아가게 마련입니다. 또 불안을 이기는 우리의 능력은 반복할수록 커집니다. 마치 권투선수가 계속 맞다 보면 맷집이 느는 것처럼, 자꾸 불안을 참아내다 보면 점점 인내하는 힘이 커집니다.

인내의 태도는 생각을 깊게 해줍니다. 무엇인가를 인내할 때 우리는 생각이 많아집니다. 과연 내가 참기로 한 선택이 옳은가부터, 이 선택 말고는 방법이 없나, 다른 선택을 하면 이렇겠지 등 갈등과 고민 속에서 우리의 인격과 마음은 성숙해집니다. 고민이 없는 사람에게는 발전이 없습니다.

인내의 열매는 달다고들 합니다. 조금만 참으면 좋은 결과가 온다는 것을 누구나 알고 있습니다. 하지만 참아야 할 상황에 참는 것이 그리 쉽지는 않습니다. 생각보다 복잡합니다. 평소의 행동이 영향을 많이 끼치기 때문이지요. 상황을 긍정적으로 보는 시선이 필요하고, 스스로의 인내의 한계도 알고 있어야 하며, 참아야 하는 경우인지 아니면 표현해야 하는 경우인지에 대한 판단도 중요합니다. 이렇게 이성적인 판단 못지않게 생물학적 상태도 중요하지요. 불규칙한 수면과 식사는 인내의 적입니다. 피로가 쌓여 있거나 몸 컨디션이 안 좋으면 참는 것이 쉽지 않기 때문이지요. 혈당이 떨어지거나 뇌가 피로하면 쉽게 흥분 상태가 됩니다. 일단 흥분해서 뇌가 감정적인 상태로 빠지면, 인내는 불가능해집니다. 그러므로 인내의 태도를 갖추려면 평소 건강한 생활을 해야 합니다.

중요한 것은, 인내에도 함정은 있다는 것입니다. 무조건 참기만 한다고 좋은 태도는 아닙니다. 무작정 인내하다 보면, 표현에 서툴러서 무시당하기 쉽고 도움의 기회도 놓칠 수 있습니다. 부정적인 감정을 쌓아두기만 하면 분노가 폭발하거나 화병이 생길 수도 있습니다. 그렇다고 무조건 터뜨리는 것이 좋은 방법은 아닙니다. 반복적으로 참지 못하는 경우에는 인간관계뿐만 아니라 삶에도 부정적인 영향을 미치기 때문입니다.

이래저래 인내의 태도를 유지하기는 쉽지 않습니다. 하지만 그만큼 대가는 달콤합니다. 인내의 태도는 상대에게 신뢰를 주고, 주변 사람들의 마음도 안정시켜줍니다. 분노나 격정의 감정이 덜하니 그 감정에 전염되어 에너지가 낭비되거나 스트레스를 받지 않기 때문입니다. 무엇보다 어떤 성과든 인내의 과정 없이는 결코 이루어지지 않습니다.

인내의 태도는 어떻게 만들어지는가

인내의 태도는 '생각'에서부터 나옵니다. 그래서 태도 중 사고의 영역에 해당합니다. 감정은 시시각각 변하는 상황에 장단을 맞추게 되지만, 사고는 여간해서는 바뀌지 않습니다. 물론 누구나 일정한 감정의 패턴이 있어서, 그 패턴을 바꾸기는 사고만큼 쉽지 않지요. 어쨌든 사고를 바꾸려면 힘이 들지만, 한번 바꾸어놓으면 오랫동안 유지할 수 있습니다. 그러니 용기를 갖고 한번 해볼 만하지 않을까요.

인내의 태도를 갖기 위해서는 인식하고 처리하는 사고의 과정에 변화를 주어야 합니다. 다시 말해서, 먼저 정확한 인식이 필요합니다. 벌어지지도 않은 일에 괜한 걱정이나 염려를 하면 인내는 더욱 어렵습니다. 흔히 주식시장에서 잘 일어나는 일이지만, 주가가 떨어지기 시작하면 순식간에 바닥까지 붕괴된 듯 주식을 팔아치웁니다. 두렵기 때문입니다. 상황을 정확히 인식하고 이성적으로 판단하는 과정을 거치지 않으면 두렵기 마련입니다. 그런데 파동을 갖고 있는 주식시장에서는 인내하는 사람만이 돈을 벌 수 있습니다.

일단 정확히 인식이 되면 사고의 변화는 연습이 필요합니다. 자꾸 참으려고 노력하면 할수록 그만큼 인내의 태도는 쉽게 자리를 잡게 됩니다.

인내할 때는 내가 무엇 때문에 인내해야 하는지 알아야 합니다. 그래야 인내하기도 쉽고 더 성숙한 태도를 가질 수 있습니다. 누군가를 기다릴 때 무작정 기다리는 것과 늦는 이유를 알고 기다리는 것은 전혀 다른 감정을 불러옵니다. 이유 없이 기다리면 짜증과 분노만 쌓이지만 이유를 알면 배려하는 마음이 생기지요.

그리고 인내에는 분명한 한계가 있어야 합니다. 한계가 없는 인내는 유지하기 힘듭니다. 목적의식과도 유사하지만, 한계가 있어야 참을 수 있습니다. 42.195킬로미터의 마라톤을 끝까지 참아내며 완주할 수 있는 것은, 월계관의 영광을 위해서이기도 하지만 한계에 도전하고 그 도전을 이루어냈을 때의 쾌감 때문이기도 합니다. 만약 한계 없이 끝까지 달려보라고 한다면 아무도 안 뛸 것입니다. 심장이 터질 듯한 고통보다 끝이 없다는 두려움이 더 클 테니까요.

제아무리 잘 뛰는 사람이라도 한계가 없는 레이스는 불가능하듯, 인내도 한계 지점이 있어야 합니다. 어떤 경우라도, 어느 정도까지 참을 것이라는 한계를 설정하고 그 선을 넘으면 과감히 놓아야 합니다. 인내에 성공해도 좋은 결과를 얻지 못한다면 그것은 긍정적인 태도라고 할 수 없으니 말입니다.

Advices for good attitudes

기다리지 못하는 낚시꾼에게 대어는 없습니다.

외롭고 지루한 기다림을 인내하는 자만이 묵직한 손맛을 볼 수 있듯이,

행복과 성공은 인내하는 자만의 특권입니다.

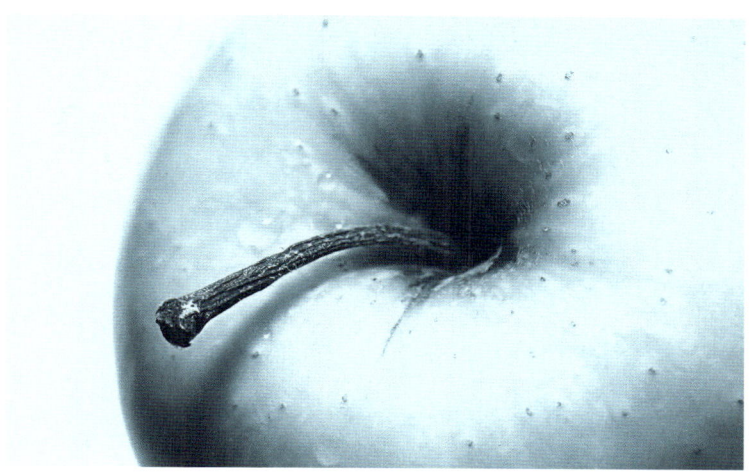

도전

승리에 대한 집착을 버리고 진정한 도전을 하는 사람

"새로운 것을 시도할 용기를 가지고 있지 않다면,
우리의 삶은 과연 어떤 모습일까?"

_빈센트 반 고흐

그에게는 두려움이란 없어 보입니다. 동료를 잃을 정도의 큰 사고를 당하고도, 동료의 시신을 찾으러 그 무시무시한 사고 현장에 다시 달려갑니다. 한두 번도 아니고 여러 차례 같은 일을 당했지만, 포기하지 않습니다. 그래서 우리는 그를 '대장'이라고 부르는 모양입니다. 세계에서 제일 높은 산 16개를 모두 정복한 등반대장 엄홍길의 이야기입니다.

흔히들 세계 최고의 등반가니 당연히 오르는 산마다 그의 발아래 굴복했을 것이라 생각하지만, 실상은 그렇지 않습니다. 성공률은 예상보다 높지 않지요. 1985년부터 2008년까지 38번 등정을 시도했지만, 성공한 등정은 불과 20번이었습니다. 성공 반 실패 반인 셈입니다. 목숨을 건 도전치고는 실패 확률이 너무 높습니다. 더구나 첫 번째와 두 번째 도전은 실패한 데다가, 등반을 도와준 셰르파가 사고사를 당했습니다. 세 번 만에 간신히 처음으로 등정에 성공했고, 열 번의 도전 끝에 겨우 두 번째 등정에 성공했습니다. 물론 동네 뒷산을 오르는 것이 아니기에 결코 낮은 확률이라고는 할 수 없습니다.

보통사람 같으면 일찌감치 포기했겠지만, 그는 계속 도전했습니다. 그가 세계 최고봉 16좌를 모두 정복할 동안 많은 동료들이 유명(幽明)을 달리했습니다. 반복되는 등정 실패도 힘들었겠지만, 동료의 죽음 앞에서 느꼈을 절망감과 무력감을 그는 어떻게 극복했을까요?

정신과의사들 사이에서도 연구 대상인 엄홍길 대장은 도전의 태도로 무장한 인물입니다. 보통사람이라면 '외상 후 스트레스 장애'에 시달렸을 것입니다. 외상 후 스트레스 장애란 일반적으로는 경험하기 힘든 큰 심리적 사건을 겪고 나서 발생하는 과도한 긴장, 사고 장면의 플래시백, 비슷한 상황을 피하는 공포성 회피와 우울증 등으로 일상생활이 힘든 정신적 고통을 말합니다. 그런데 그는 정반대입니다. 오히려 더 기운을 내서 공포의 현장으로 달려가지요.

한 잡지의 칼럼을 쓰면서 엄홍길 대장을 인터뷰한 적이 있습니다. 그에게 "그런 불굴의 도전은 두려움이 없기에 가능한 거 아닌가요?"라고 물었습니다. 그러나 뜻밖에 그도 두려움을 느낀다고 답했습니다. 친구의 죽음이 떠올라 괴롭고 힘들었답니다. 하지만 피하지 않는 것으로 그 두려움을 이겨내려 한다고 했습니다. 이처럼 도전의 태도는 두려움을 딛고 일어나기에 더 빛이 납니다.

도전과 도전의 태도가 다른 이유

'도전'과 '도전의 태도'는 같으면서도 조금 다릅니다. 도전은 정면으로 맞서 싸움을 거는 것입니다. 스스로 판단하고 의지를 갖고 행하는 것이 도전입니다. 만약 당신이 원치 않는다면, 그것은 도전이 아닙니다. 스스로 판단할 수 없다면, 그저 피할 수 없는 고난일 뿐이지요. 그래서 도전의 첫째 조건은 '능동성'입니다. 능동성이란 스스로 판단하고 책임지는 것을 전제로 합니다. 도전의 두 번째 조건은 '책임감'입니다. 책임을 지지 않는 도전은 미숙할 뿐입니다. 자신도 얻는 것이 적지만 주변 사람도 괴롭습니다. 그리고 마지막 조건은 '현명한 선택'입니다. 도전하기로 선택하는 순간, 더 좋은 기회를 놓칠 수도 있기 때문에 선택 자체에 신중해야 합니다. 이처럼 능동적인 자세, 책임감, 그리고 현명한 선택이라는 조건이 갖추어지지 않은 도전은 무모할 뿐입니다.

그런데 이런 조건을 다 갖춘 도전을 한다고 해도 항상 성공하는 것은 아닙니다. 실패라는 함정이 있습니다. 실패가 없다면 도전도 없다고 할 정도로 도전에는 실패의 아픔이 도사리고 있습니다. 실패 확률이 높을수록 그 아픔이 더 클 것 같은데, 오히려 더 도전에 집착하게 됩니다. 중독이 되는 것이지요.

1950년대의 저명한 행동심리학자 스키너(B. F. Skinner)는 '어떤 행위에 대한 보상이 일정하지 않으면 그 행위에 더 집착한다'는 것을 실험을 통해 발견했습니다. 상자에 쥐를 넣고 쥐가 지렛대를 누르면 먹이를 줍니다. 한 집단의 쥐에게는 일정한 간격, 예를 들어 20번을 누르면 먹이를 주고, 다른 집단의 쥐에게는 지렛대를 누르는 횟수와는 상관없이 불규칙적인 간격으로 먹이를 주었습니다. 두 집단을 비교해보니, 불규칙적인 보상을 받는 쥐들이 규칙적으로 보상을 받는 경우보다 지렛대를 누르는 데 더 집착했습니다. 언제 보상이 주어질지 모르는 불확실성이 행동을 강화한 결과입니다. 이런 실험결과는 도박과 같은 중독을 심리적으로 설명할 때 흔히 사용됩니다.

왜 이런 행동을 하게 될까요? 뇌가 중독되어서 그렇습니다. 한 번 보상으로 즐거움을 맛본 우리의 뇌에는 또 보상을 받아 즐거움을 느끼려는 쾌락중추라는 것이 있는데, 이것이 도대체 끝이 없습니다. 뇌과학 연구에 의하면, 보상을 받으면 도파민이라는 쾌락물질이 나오는데, 이 물질은 노력에 의해 얻은 보상에 만족하지 못하고 더 많은 쾌락을 추구하는 우리의 욕망을 지속적으로 자극하게 됩니다. 그러므로 아무리 많은 보상을 받았더라도 그것에 만족하지 못하고, 지속적으로 같은 행위를 반복하게 되는 것입니다.

스키너의 이야기에서 도전의 태도로 돌아와보죠. 정도의 차이는 있겠지만, 실패를 하면 다 아픕니다. 하지만 도전을 통해 얻을 수 있는 보상 때문에 그 아픔을 딛고 또 도전하게 되는 것이지요. 아시다시피 누구나 또 언제나 성공을 한다는 보장이란 없습니다. '언젠가는 성공할 수 있겠지' 하는 생각이 우리를 집착하게 합니다. 자칫 잘못하면 중독의 늪에 빠질 수도 있습니다. 소위 '도전중독'은 삶을 파멸로 밀어넣을 수 있습니다. 알코올중독이나 마약중독과 마찬가지로 말이지요.

단순한 도전과 도전의 태도가 다른 점이 바로 여기에 있습니다. 태도는 삶을 발전시키기 위한 것입니다. 행복과 성공을 위한 것이지요. 그러니 파멸을 부르는 도전중독은 피해야 마땅합니다. 자신의 한계를 발견하고 또 인정해야 합니다. 도전의 범위와 한계를 명확히 해야 합니다. 그 한계를 넘어서도 성공하지 못한다면, 미련없이 포기하는 것도 도전의 태도입니다. 도전은 삶을 위한 것이지, 결코 도전을 위해 삶을 희생시킬 수는 없습니다.

도전의 태도가 아름다운 이유

그렇다면 도전의 태도 역시 실패의 함정이 숨겨진 허울 좋은 태도일까요? 전제조건은 도전이나 도전의 태도 모두 같습니다. 능동적인 자세와 책임감 그리고 현명한 선택이 필요합니다. 하지만 도전의 태도에는 승리에 대한 집착을 버려야 한다는 한 가지 조건이 더 추가됩니다. 승리를 목표로 삼으면 좋겠지만, 최종 결과이자 반드시 획득해야 하는 고지로 생각하면 안 됩니다. 태도는 과정입니다. 살아 움직이는 다이내믹한 변화입니다. 도전의 끝에는 성공이나 실패라는 확연한 결과가 있지만, 도전의 태도에는 끝이 없습니다. 도전의 목적이 승리라면, 도전하는 태도의 목적은 행복한 인생입니다. 그러므로 즐겁게 도전에 임해야 합니다. 경기에서 승리한

챔피언들이 가장 자주 하는 말도 "게임을 즐겼습니다"입니다. 승리에 집착하지 않고 즐겁게 몰입했기 때문에 승리할 수 있었던 것입니다.

도전의 태도는 주변 사람들에게도 긍정적인 영향을 미칩니다. 도전하는 정신으로 무장된 투사에게서는 힘이 느껴집니다. 꼭 승리하고 말겠다는 극단적인 비장함이 없기 때문에 공포를 조장하지는 않습니다. 오히려 에너지를 얻게 됩니다. '무슨 수를 써서라도 이루고야 말겠다'는 집념보다는 '겁내지 말자, 즐기면서 하자'라는 의지는 함께하는 사람들에게 용기를 줍니다.

도전의 태도는 정의롭습니다. 도전에 성공한 사람은 마땅히 사랑받고 존중받아야 합니다. 적의 약점을 노려야 하는 비정한 승부의 세계인 스포츠에서도 정의로운 도전은 갈채를 받습니다. 비록 승리하지는 못할지라도 말이지요. 지난 2010년 광저우 아시안게임에서였습니다. 유도선수 왕기춘은 결승에서 라이벌 아키모토 히로유키를 만났습니다. 두 선수는 그해에 각각 1승씩을 주고받았습니다. 그런데 아키모토가 예선에서 발목 부상을 당했습니다. 도전과 승부의 세계에서는 당연히 왕 선수의 승리가 예상되었지만, 결과는 아키모토의 승리였습니다.

왕 선수는 상대의 부상 부위를 공격하지 않았습니다. 그러다 보니 공격이 단조로워져서 질 수밖에 없었습니다. 그는 늘 국내 최고였고, 국제대회에서도 1~2위를 다투는 강자였습니다. 그런 선수가 도전정신이 부족했겠습니까? 아니면 승리에 대한 집착이 없었겠습니까? 필자는 무도(武道)가 무엇인지는 잘 모릅니다. 하지만 왕 선수의 태도는 승리만이 최고의 가치인 양 믿고 있는 우리에게 큰 충격이었습니다. 그의 도전, 다시 말해서 냉혹한 승부의 세계에 존재하는 승리의 비정함에 대한 정정당당함과 인간애의 도전은 너무나 아름다웠습니다. 시합 후 아키모토는 인터뷰에서 "왕기춘 선수에게 존경과 경의를 표한다"고 말했습니다. 승리하지 못한 도전은 세상 사람들의 기억에서 사라지지만, 정정당당하게 승부한 도전의 태도는 깊은 감동과 교훈을 준다는 것을 다시 한 번 깨달았습니다.

안주하고 포기하는 이유

도전의 태도는 과정이라고 했습니다. 그런데 매번 실패하면서도 도전을 멈추지 못하는 사람들이 있습니다. 솔직히 그런 사람들을 보면 걱정이 앞섭니다. 언뜻 보기에는 패기 넘치고 강인해 보이기도 하지만, 자신은 물론이고 자칫 주변 사람들까지 쓰디쓴 패배의 아픔을 맛보게 할 수 있기 때문입니다. 패배가 연속되면 아무리 강한 사람이라도 무너질 수밖에 없습니다.

매번 실패만 하는 사람이라면 자신의 태도에 대해 다시 한 번 생각해보아야 합니다. 반복되는 실패는 과정에 문제가 있다는 뜻입니다. 제일 흔한 것은 잘못된 전제조건들 때문입니다. 혹시 강요된 선택은 아닌지 살펴보아야 합니다. 인간은 강요된 선택에 대해서는 강하게 저항합니다. 그 저항의 힘이 밖으로 표출되어 도전을 거부하는 경우도 있지만, 많은 경우에는 힘이나 분위기에 압도되어 시작은 하지만 숨겨진 저항이 계속 괴롭힙니다. 이런 숨겨진 저항을 '수동 공격(passive aggression)'이라고 합니다. 겉으로는 "예스!"라고 하지만, 속으로는 절대 하고 싶지 않은 반항심이 숨어 있는 것이지요. 뭔가 내키지 않거나 찜찜하면, 당신이 스스로 결정한 선택이며 스스로 받아들인 도전인지 생각해보아야 합니다. 또한 책임질 생각 없이 뒷수습은 나 몰라라 하는 사람과 함께하는 도전이라면 사양하는 것이 좋습니다. 도전의 태도에는 책임감이 전제되어야 하니까요.

거꾸로 아예 도전을 못하는 사람들도 있습니다. 안전제일주의자들이 그렇습니다. 과거 실패를 맛본 사람은 도전이 쉽지 않습니다. 사랑도 일도 마찬가지입니다. 이럴 때는 일단 좀 쉬었다 가는 것이 약입니다. 실패 끝에 밀려오는 열등감이나 초조감이 자꾸 '빨리빨리' 하라고 재촉하겠지만, 그렇게 서두르다가는 다시 실패하기 십상입니다. 같은 실수를 반복하다 보면 도전은 더 힘들어지겠지요. 그러니 충분히 쉬면서 몸과 마음의 에너지를 복원한 후에 다시 도전해야 합니다.

불안이 많은 사람도 마찬가지입니다. '혹시 안 되면 어쩌지?'라는, 실패에 대한 두려움이 지배적입니다. 이런 경우에는 두 가지 방법이 있습니다. 하나는 즐겨보는 것입니다. 어떻게 공포와 두려움이 즐거울 수 있냐고요? 번지점프대에 서 있는 사람을 생각해보십시오. 점프 직전까지는 죽을 맛이지만, 일단 뛰고 나면 180도 달라지는 경우가 많습니다. 두려움이 클수록 도전 끝의 성취감이 크기 때문입니다. 불안을 극복하는 또 하나의 방법은 도전의 강도를 점진적으로 높이는 것입니다. 마치 사다리를 오르는 것처럼 한 발 오르고 잠시 쉬었다가 다시 오르다 보면 꼭대기에 설 수 있습니다. 작은 두려움을 이겨내다 보면 결국 커다란 공포도 이겨낼 수 있게 됩니다.

성격적으로 도전이 쉽지 않은 사람들도 있습니다. 타고나길 걱정과 근심이 많은 사람, 현재의 상황을 바꾸는 것이 불편한 강박적인 사람, 타인에게 의존적인 사람이 그렇습니다. 걱정과 근심이 많은 사람은 무슨 일을 시작할 때 '혹시나' 하는 불안에 사로잡힙니다. 강박적인 사람은 지나치게 꼼꼼해서 도전 자체를 주저하거나, 도전을 하더라도 스트레스가 다른 사람들보다 많습니다. 늘 남이 해주기를 바라는 의존적인 사람이라면, 도전 자체가 무리겠지요. 이렇게 기질적인 또는 성격적인 문제로 도전의 태도를 갖기 힘든 사람이라면, 반드시 도전의 태도를 갖추고야 말겠다는 고집을 버려야 합니다. 사람은 누구나 자신의 장점에 해당하는 태도를 더 강화하는 편이 새로운 태도를 만드는 것보다 효과적입니다. 도전이 어렵다면, 배려나 공감 같은 다른 종류의 태도를 발전시켜보는 것도 좋은 방법입니다.

도전의 태도를 갖추는 법

태도 중에는 감정이 우선인 경우도 있고 행동이 우선인 경우도 있지만, 도전의 태도는 생각이 우선입니다. 물론 용기라는 감정이 필요하고 실행을 해야 도전이 이루어지지만, 무엇보다 상황을 판단하고 인식하는 능력이 중요합니다. 다가올 미래의 도전에 대한 예측과 각오가 필요한 것이지요. 만약 감정이나 행동이 도전적이라면, 흔히 '호전적'이라고 불리기 쉽습니다. 도전의 감정과 행동은 남에게 공격적으로 느껴지니까요. 물론 생각에만 빠져 있어서도 안 될 것입니다. 실행되지 않는 생각은 땅속에 묻지 못한 씨앗과 같아서, 결코 결실을 맺을 수 없으니까요.

그렇다면 어떤 사고가 필요할까요? 앞서 이야기했던 능동적이고 책임감 있는 선택이 선행되어야 합니다. 그리고 변화를 두려워하지 말아야 합니다. 승패를 결정지어야 할 도전이라면 그 끝에 엄청난 변화가 예상됩니다. 승리하면 좋겠지만 패배하면 그 변화를 감당할 수 없을 겁니다. 하지만 도전의 태도는 과정입니다. 과정은 일시에 큰 변화를 가져오지 않습니다. 크게 변한다고 해도 흐름이기 때문에 적응할 시간이 충분합니다.

태도는 미리 준비해야 하는 '몸과 마음의 자세'입니다. 도전의 태도 역시 미리 준비해야 합니다. 미리 준비하고 있으면 닥칠 도전에 겁먹고 물러서지 않을 수 있고, 결과에 집착하지 않으면 실수도 관대하게 용서할 수 있습니다. 용서 없이 매번의 실수에 골몰하면, 도전 자체가 불가능합니다. 결과는 부산물일 뿐입니다. 도전의 실패는 패배와 좌절이며 피멍이 남겠지만, 도전의 태도에서 실패란 다른 돌아갈 길을 찾아야 한다는 신호이고, 다음 도전에 참고할 하나의 사례일 뿐입니다. 그래서 도전을 막는 것은 거대한 상대나 불가능한 목표지만, 도전의 태도를 막는 것은 결과에 대한 집착과 실패에 대한 공포인 것입니다.

Advices for good attitudes

'오르지 못할 나무는 쳐다보지도 말라'고 했지만,

무모하지만 않다면 아무리 높은 나무라도 올려다볼 수 있습니다.

비록 실패하더라도 즐거울 수도 있고요.

그저. 당신이 나무에 오르는 것을 즐긴다면 말입니다.

의리

사람의 도리를 지키고
더 큰 것을 얻는 사람

"좋은 친구는 항상 우리에게,
내가 특별하다는 것과 그 이유를 알게 해준다."
_패티 스템플

사랑이란 무엇일까요? 정의 내리기 쉽지 않습니다. 사랑에 대한 무수한 정의가 있겠지만, 필자는 사랑을 '의리(義理)'라고 생각합니다. 사랑이 싹틀 때는 의리보다 더 중요한 것이 친밀감과 호감입니다. 서로를 이끄는 커다란 힘이 되지요. 연구에 의하면, 이는 우리 몸에서 분비되는 화학물질 때문이라고 합니다. 유혹의 물질인 도파민, 쾌락의 물질인 메틸페니라민, 안정의 물질인 옥시토닌과 같은 화학적 물질들이 사랑에 빠지면 느끼는 흥분, 쾌락, 안정감 등을 만들어 낸다는 것이지요.

그렇다면 이런 화학적 사랑의 유효기간은 얼마나 될까요? 보통 2년 정도라고 합니다. 2년이 지나면 아무리 아름답고 멋진 이성이라도, 그저그런 보통의 남녀가 되기 마련입니다. 사랑에 빠진 수많은 남녀들은 그 뜨거운 사랑의 열정이 오래가기를 원하지만, 사랑은 영원하지 않습니다. 그렇다고 실망할 필요는 없습니다. 노력 여하에 따라 사랑은 영원할 수 있습니다. 유효기간이 2년뿐인 일시적 사랑의 감정을 영원하고 아름다운 사랑의 전설로 만들 수 있는 힘, 그것은 바로 '의리'입니다.

의리와 사랑은 닮은꼴

'사랑은 의리'라는 정의가 조금 과격하게 느껴지나요? 그것은 의리라는 말의 사회적인 의미 때문입니다. 힘깨나 쓰는 사람들이 중요시하는 말이지요. 그런 사람들이 쓰는 의리라는 말에는 배신을 염려하는 두려움이 숨겨져 있습니다. 힘으로 뭉쳐진 집단이니 당연한 일입니다. 배신은 결속을 허물고, 기회만 되면 집단을 무너뜨리게 마련이니까요. 어쨌든 의리라는 말은 무시무시한 몸집을 자랑하는 사내들의 입에서나 들을 수 있었으니, 우리들 인식 속에는 과격한 이미지로 남게 되었습니다.

그렇지만 본래 의리의 뜻은 너무나 고귀합니다. 의리란 '사람으로서 마땅히 지켜야 할 도리' 또는 '관계 속에서 지켜져야 할 바른 도리'를 뜻합니다. 인간이 살아가고 관계를 맺는 데 가장 중요한 요소인 셈이지요. 의리가 없다면, 사람으로서의 도리를 모르는 셈이고, 관계를 파괴할 위험성이 있다는 뜻입니다. 일반적으로 의리라 불리는 것은 인간의 도리 그리고 관계에서의 도리 중 '신뢰냐 배신이냐'의 관점이 많이 강조된 것입니다. 이제 '의리의 태도'를 이야기할 때는, 신뢰의 문제뿐만 아니라 좀 더 포괄적인 의미의 도리를 생각해야 합니다.

그렇다면 이런 의리로써 사랑을 지킬 수 있을까요? 헤어질 때를 생각해보지요. 단순히 매력이 떨어져서만은 아닙니다. 만약 매력이 없어져서 헤어져야 한다면, 결혼이란 관습은 존재하지 않았을 겁니다. 2년의 유효기간뿐인 사랑에 아무도 인생을 걸지는 않을 테니까요. 매력 이외에 다른 무엇이 존재합니다. 사랑은 감정이니 쉽게 변할 수도 있을 것입니다. 하지만 사랑하는 사이란 '사람과 사람의 관계'이기도 합니다. 관계 속에서 지켜져야 할 바른 도리를 지킨다면, 인간적인 존중이나 헌신을 통해 우리의 사랑을 지켜갈 수 있습니다. 사랑을 얻는 것은 매력의 힘일지라도, 지키는 근간은 관계에 대한 의리인 것입니다.

진정한 사랑이 하루아침에 이루어지지 않듯이, 의리 또한 하루아침에 만들어지지 않습니다. 호감을 느끼는 사람을 탐색하고 저울질한다고, 반드시 이기적인 사람이거나 얄팍하게 이익만 좇는 사람은 아닙니다. 사랑의 초기에 그런 행동은 당연한 본능적인 행동입니다. 오히려 그런 탐색전도 없이 성급하게 사랑에 빠지는 것이 문제가 될 수 있습니다. 이성을 만나서 너무 빨리 결혼을 하는 경우도 마찬가지입니다.

이제는 아내와 예쁜 딸아이를 얻어 행복하게 살고 있는 후배가 있습니다. 벌써 십수 년 전 일입니다만, 어느 날 교제하던 여성을 제게 소개시켜주었습니다. 전에 그런 적이 없었기에 중요한 사람이겠거니 했습니다. 함께 만나보니 여러모로 누가 보아도 참 좋은 배필감이었습니다. 그런데 결혼을 이야기하기엔 이른 감이 있었습니다. 만난 지 3개월밖에 안 된 상황이었으니까요. 그래서 앞으로 3개월만 더 만나보는 게 어떻겠냐고 조언했습니다. 이후 후배는 그 여성과 한 달 남짓 더 만나고 헤어졌습니다. 그리고 지금의 아내를 만나게 된 것이지요. 평생을 같이할 사람을 단 6개월도 만나지 않고 순간의 끌림으로 결정한다는 것은 위험한 일입니다. 녀석은 아직도 저의 브레이크를 고마워합니다.

의리도 마찬가지입니다. 당신이 의리를 지켜야겠다고 생각한 대상이 있으면 그 사람이 그것을 받아들일 만한 그릇인지 아닌지 판단해야 합니다. 하지만 첫눈에 그 크기를 알 수는 없습니다. 시간이 필요하지요. 겪어봐야 진면목을 알 수 있습니다. 의리의 태도를 지키기 위해서는 시간과 공을 들여야 합니다. 하루아침에 이루어진 의리란 그저 강제에 의한 계약 정도일 겁니다. 보복에 대한 두려움이나 집단으로부터 따돌림을 피하기 위한 수단으로서의 의리는 실은 진정한 의미의 의리가 아닙니다.

의리와 의리의 태도

의리와 의리의 태도는 같지만 차이가 있습니다. 의리의 태도는 지속적이어야 합니다. 사랑으로 치자면 영원한 사랑과 같은 것이지요. 또한 의리의 대상과 의리의 태도의 대상은 다릅니다. 의리는 특정 대상에 국한될 수 있습니다. 우리나라의 경우 출신 학교와 지역으로 편을 가르고 자기들끼리 의리를 중시하는 문화가 있습니다.

해당 집단에 속하지 않은 사람에게는 너무나 배타적이어서 때로는 사회문제가 되기도 합니다. 결코 긍정적인 이미지는 아닙니다. 그래서 의리는 때로 욕을 먹습니다. 나와 타인을 차별하는 장벽의 원인이 되기 때문입니다.

하지만 의리의 태도는 다릅니다. 이때의 의리는 '사람으로서 마땅히 지켜야 할 도리'입니다. 내 편 네 편을 가르는 도구가 아닙니다. 나의 성공과 행복을 위해 타인의 권리와 기회를 박탈한다면 그것은 진정한 의리의 태도가 아닙니다.

그렇다면 의리의 태도가 지닌 장점은 무엇일까요? 우선 가장 먼저 떠오르는 것은 신뢰입니다. 의리의 태도는 약속을 지키는 것, 정의의 편을 드는 것, 아픔에 공감하고 슬퍼하는 것 등 아주 보편적인 인간의 도리를 지키는 것입니다. 그런 태도를 갖추면 사람들은 당신을 신뢰하게 됩니다. 이런 감성적 신뢰는 이성적인 신뢰보다 훨씬 깊이가 있지요. 그리고 일관성 있는 당신의 태도를 통해, 상대는 당신이 특정 상황에서 어떻게 행동할지 예측하게 됩니다. 이런 예측은 상대가 당신을 신뢰하는 데 큰 영향을 줍니다.

또한 의리의 태도는 스스로에게도 큰 행복과 정신적 안정을 가져다줍니다. 인간은 스스로의 가치를 여러 가지 측면에서 평가합니다. 업무 능력, 외모, 학력이나 연봉 등으로 평가해 만족하기도 하고 불만을 갖기도 하지요. 인간의 가치체계는 모두 제각각이기 때문에 어떤 측면의 평가가 진정한 가치를 대변하는지 확정할 수는 없지만, 의리의 태도를 유지함으로써 얻는 만족은 다른 어떤 것보다도 더 안정적입니다. 의리란 인간 삶의 기본이기 때문이지요. 기본이 지켜지고 충족된다는 것은 바닥이 튼실한 조형물과 같이 흔들림이 없습니다. 기본이 안 된다면 아무리 실력이 뛰어나도 흔들리게 되어 있습니다. 자신의 가치에 대한 의문이 생깁니다. 초조하고 불안할 수밖에 없지요. 기초가 튼튼한 건물이 비바람에도 흔들림이 없듯이, 의리의 태도를 지키는 사람은 다른 어떤 사람보다도 안정적입니다.

이처럼 의리의 태도는 '사람으로서, 사람과 사람 사이에 마땅히 지켜야 할 도리를 최고의 가치로 삼는 태도'를 말합니다. 언뜻 '참 손해 많이 보겠구나' 하는 생각이 들 겁니다. 그런 위기감 때문인지, 살아남기 위해서는 도리를 버려도 좋다는 잘못된 생각이 만연해 있습니다. 물론 어쩔 수 없는 경우도 있겠지만 '도리를 버리는 것이 당연하다'고 받아들여지는 것은 불행한 일입니다. 어떤 것이 도리를 버릴 수밖에 없는 상황일까요? 생존의 문제가 걸린 경우겠지요. 하지만 만약 존재 자체의 위협을 받는 상황이 아니라면 의리는 마땅히 지켜져야 합니다.

다행인 것은 의리의 태도를 갖고 있는 사람들은 생존 가능성이 더 높다는 점입니다. 의리는 관계 속에 존재합니다. 긍정, 배려, 공감, 인내, 도전 등 수많은 태도의 덕목들 중에서도 사람과 사람 사이의 도리를 지키는 의리만큼 관계에 필수적인 것은 없습니다. 관계는 상호적입니다. 함께 존재하고, 서로 돕고 의지가 됩니다. 혼자일 때보다 더 생존 가능성이 높아질 뿐만 아니라, 깊이 있는 인간관계는 우리를 행복하게 합니다. 기쁨을 더하고 슬픔을 나누면서 우리의 삶은 풍요로워지니까요.

행복하게 살아가는 데 있어 인간관계의 중요성은 아무리 강조해도 지나치지 않습니다. 오죽하면 행복을 연구하는 긍정심리학을 관계심리학이라고 하겠습니까. 의리의 태도를 지키면서 살아간다면 인간관계는 깊어지고 그만큼 더 행복한 삶을 살 수 있습니다. 서로에게 도리를 다하는 인간관계만큼 깊이 있는 관계가 있을까요.

의리의 태도를 지켜나가는 법

의리의 태도는 그 의미를 정확히 이해하지 않으면 손해를 볼 수 있다는 점 또한 명심해야 합니다. 의리를 지키다 보면 때로 손해를 보는 경우가 적지 않기 때문입니다. 신뢰를 미끼로 당신을 속이는 사람들이 틀림없이 있을 겁니다. 태도는 현실입니다. 그런 손해가 없다고 미화하거나, 그런 손해는 감수해야 한다고 합리화하는 이상적인 허구와는 다릅니다. 신뢰를 이용해 당신에게 지속적으로 손해를 입힌다면, 그건 그저 사기일 뿐입니다. 한 번은 손해 볼 수 있습니다. 하지만 의리를 지킨다고 두 번 세 번 손해를 감수한다면, 당신이 지킨 것은 의리가 아닙니다. 한 번의 손해는 감수하더라도, 지속적으로 손해를 본다면 자신의 태도에 문제가 없는지 살펴보아야 합니다.

의리의 태도를 키워가기 위해서는 의리의 즐거움을 맛보아야 합니다. 가끔씩 의리 없는 친구들의 성공을 보고는 '내가 잘못 살고 있는 거 아닌가' 하는 생각이 들 수도 있겠지만, 의리의 태도는 지켜가면 갈수록 그 가치가 돋보이는 것입니다. 『채근담』에 이런 말이 있습니다.

> 친구한테 속지 않으려고 애쓰는 것보다도 차라리 친구한테 속는 사람이 행복하다. 친구를 믿는다는 것은 설사 친구한테 속더라도 어디까지나 나 자신만은 성실했다는 표적이 된다.

의리의 덕목은 그것을 행함에 있어 스스로 만족하는 것이 중요하다는 의미겠지요. 이는 마치 '일찍 자고 일찍 일어나기'와도 같습니다. 한두 달 일찍 일어난다고 삶에서 나아질 것은 없습니다. 하지만 수년간 규칙적으로 '일찍 자고 일찍 일어나기'를 지킨다면, 아침형 인간으로서 스스로 삶에 대한 만족감도 커질 것입니다. 이런 습관은 양질의 삶을 살 수 있는 토양과도 같으니까요. 의리의 태도도 마찬가지입니다. 시간이 흘러야 좋은 성과물을 얻을 수 있고 스스로 만족할 수 있습니다.

의리의 태도는 '의리'라는 단어가 주는 친근감 때문에 정의 내리기도 어렵고, 또 유지하기도 쉽지는 않습니다. 그렇지만 사람으로서 살아가는 도리와 인간관계에서의 도리라 이해하고 실천한다면, 어떤 태도보다 삶을 더욱 안정적이고 행복하게 만들어줄 것입니다. 아주 오래도록, 아니 영원히 말입니다.

Advices for good attitudes

의리는 그저 사람답게 도리를 지키고 사는 것입니다.

친구에게, 애인에게, 가족에게, 그리고 당신의 삶에게…….

초등학교에서 배웠던 도덕 과목을 실천하면 됩니다.

결코 쉽진 않지만, 절대 포기해서도 안 됩니다.

3장
좋은 태도를 위해 어떻게 '행동'해야 하는가

행동치료자들은 행동이 변화의 가장 근본적인 변화이고, 또한 행동을 바꿈으로써 우리의 감정과 사고까지 바꿀 수 있다고 말합니다. 이런 이론적 배경을 근거로 행동치료라는 것이 정신과 영역에서는 널리 사용되고 있습니다. 공포증(체계적 탈감작법)이나 조현병(토큰 이코노미 기법)에도, 비만치료(식사일기)에도 적용됩니다.

태도에서도 마찬가지입니다. 감정이나 사고를 바꾸기 어렵다면, 행동을 먼저 바꿔봅시다.

미소

늘 사진 찍는 얼굴로
행복을 만드는 사람

"사람의 웃는 모양을 보면 그 사람의 본성을 알 수 있다.
누군가를 파악하기 전, 그 사람의 웃는 모습이 마음에 든다면
그 사람은 선량한 사람이라고 자신 있게 단언해도 되는 것이다."

_도스토옙스키

사진 한 장만 보고 인간의 미래를 점칠 수 있을까요? 미래가 불안한 현대인에게는 귀가 쫑긋해지는 이야기입니다. 이런 예언은 역술인들이나 하는 줄 알았습니다. 그런데 현대과학에서도 이런 믿기지 않는 일들이 벌어졌습니다. 그것도 아주 족집게같이 미래를 맞혔다고 합니다. 미국의 한 대학에서 이루어진 심리학 실험인데요. 사진 한 장만 보고 그 사람의 행복과 건강, 심지어 '돈을 많이 벌 수 있을까?'까지 맞혔다고 하니, 여간 신통방통한 일이 아닙니다.

버클리대학의 심리학자인 켈트너(D. Keltner)와 하커(L. Harker)는 여자대학 졸업앨범 속의 사진을 보고, 그들이 얼마나 행복하고 건강하고 성공했는지를 알아냈습니다. 과연 무엇을 보고 정확히 미래를 예측했을까요?

그들이 주목한 것은 바로 '미소'였습니다. 사진을 찍을 때 진짜 미소를 지은 학생들과 가짜 미소를 만들어낸 학생들을 구분해서 본 것이지요. 결과는 놀라웠습니다. 진짜 미소를 지은 학생들은 더 많이 결혼을 했고, 결혼을 유지하고 있었으며, 삶에 대한 만족도가 높았습니다. 심지어 연봉도 높았습니다. 이런 결과는 30년이 지나도, 즉 나이가 더 들어도 마찬가지였습니다. 혹시 아름다운 여자가 행복한 것 아니냐는 의문이 생겨 조사를 해보았더니, 외모와 행복은 아무 상관이 없었습니다. 미소가 주는 엄청난 효과를 알게 해준 아주 유명한 연구입니다.

그런데 어떤 미소가 진짜 미소고 또 어떤 미소가 가짜 미소일까요? 인간의 웃음은 얼굴근육 42개를 이용해서 만들어내는데, 웃음의 종류만 무려 열아홉 가지나 된다고 합니다. 내면에서 우러나오는 진짜 미소는 얼굴의 일정 부분을 움직여 웃는 가짜 미소와 달리 얼굴 전체를 이용합니다. 이를 '뒤셴의 미소(Duchenne smile)'라고 부릅니다. 뒤셴은 프랑스의 신경학자인데, 얼굴 표정을 짓기 위해 사용되는 근육을 밝혀낸 사람이지요. '뒤셴의 미소'의 특징은 입술이 위로 올라가고 눈가에 힘이 들어가서, 눈가에 까마귀 발 모양의 눈꼬리주름이 생기게 됩니다. '뒤셴의 미소'와 반대되는 개념의 미소도 있습니다. '팬암 미소(Pan-am smile)'라는 것인데, 미국의 팬아메리칸월드항공(Pan-American World Airway) 승무원들이 서비스할 때 얼굴 아랫 부분의 근육만을 이용해서 입가만 살짝 들어올리는 가짜 미소를 빗대서 붙인 이름입니다. 미소의 차이 때문인지는 모르겠지만, 현재 팬암항공사는 문을 닫았습니다.

아이부터 어른까지, 미소에 숨겨진 비밀

미소 중 가장 아름답고 행복한 미소는 무엇일까요? 바로 아이들의 미소입니다. 자녀가 있는 분들이라면 누구나 공감하시겠지만, 아이들의 미소는 삶의 가장 큰 에너지가 됩니다. 그런데 천사 같은 아이들의 미소에는 또 다른 생물학적 의미가 있습니다. 진화론적인 측면에서, 아이들의 미소는 생존본능으로부터 시작됩니다. 부모들은 태어난 지 얼마 안 된 아기가 자기를 보고 웃었다며 기쁨에 겨워 아이에게 애정을 쏟습니다. 그런 부모들에게는 당황스러운 이야기겠지만, 발달 과정의 측면에서 보자면 태어나서 첫 달 동안 보이는 아기의 미소는 '반사'일 뿐입니다. 정형외과에 가서 무릎을 진찰망치로 치면 무릎이 펴지는 것과 같이, 반사란 스스로 조절할 수 없이 일정한 자극에 반응하는 행동일 뿐입니다. 아기는 둘째 달이 되어서야 부모를 알아보고 반가움의 표시인 '사회적 미소(social smile)'를 짓게 됩니다. 셋째 달이 되면 익숙한 사람들에게 미소를 띠기 시작하고, 넷째 달이 되어야 소리 내어 웃기 시작합니다.

비록 첫 달에 보여준 미소가 인간과 인간의 관계에서 보이는 사회적 의미의 미소가 아니더라도, 아기의 생존에는 큰 영향을 미칠 수 있습니다. 원시시대에는 부모의 마음을 행복하게 만드는 미소를 보여준 아이들이 더 많은 보살핌을 받았을 겁니다. 더 많이 돌봐주었으니 생존 가능성이 높은 것은 당연한 일이고요. 요즘처럼 의학이 발달되지 않아 신생아의 생존율이 높지 않았던 시대의 이야기이지만, 이런 생존의 능력이 유전적으로 전달되어 '미소 반사'가 된 것입니다.

미소는 애착 과정에서 중요한 역할을 합니다. 아이의 미소를 본 엄마는 아이를 더욱 사랑하고 아끼게 됩니다. 아이는 이에 답하여 더 많은 미소를 보여주겠지요. 이런 관심의 과정을 통해서 아이들은 안정감을 얻게 되고, 이는 성인이 되었을 때 대인관계에도 좋은 영향을 미칠 수 있습니다. 반대로 미소가 적은 아이에게는 관심이 덜 가니 애착도 적어지게 됩니다. 그러면 아이는 낯선 이를 두려워하고 정서적으로 불안정해지겠지요.

여기서 우리가 유념해야 할 것은, 아이의 성장과 미래에 막대한 영향을 주는 애착 과정이, 실은 아이의 미소로부터 시작한다는 사실입니다. 성인이 되어서도 마찬가지입니다. 미소는 먼저 시작하는 것이 중요합니다. 마음속으로 남들이 먼저 내게 미소를 띠며 호감을 표하거나 수용의 메시지를 보내면 나도 그래야지 하는 사람들이 많습니다. 그렇지 않다고 마음 상해하는 사람도 많고요. 하지만 진정으로 다른 사람과의 관계가 좋은 방향으로 흘러가기를 원한다면, 당신이 먼저 미소 지어야 합니다.

안면피드백 효과를 가져오는 미소의 힘

미소의 태도는 참 모호합니다. 사실 미소만으로도 큰 장점이기 때문에 굳이 뒤에 '태도'를 붙이지 않아도 됩니다. 미소라는 얼굴 표정을 짓기 위해서는 감정과 사고 또한 즐겁고, 배려 깊고, 수용적이어야 하니까요.

이 미소가 주는 효과는 다양합니다. 물론 큰 목소리로 손뼉을 치며 웃는 것이 우울증과 치매를 예방하는 등 건강에는 제일 좋다고 하지만, 미소 또한 엄청난 장점을 갖고 있습니다. 우리가 잘 아는 『카네기 인간관계론(How to Win Friends and Influence People)』의 저자 데일 카네기(Dale Carnegie)는 "미소는 대가 없이 우리에게 많은 것을 준다. 받은 사람은 풍요로워지며, 준 사람도 손해 볼 것이 없다. 눈 깜짝할 사이에 보내는 미소지만, 그 기억은 영원히 남기도 한다"는 말로 미소의 중요성을 역설한 바 있습니다.

우선 아이의 미소와 같이 어른의 미소도 상대로 하여금 호감과 관심을 갖게 합니다. 인간은 말로 이야기하는 것보다 비언어적 표현(얼굴 표정이나 몸동작 등)으로 자신을 표현하는 경우가 많습니다. 특히 감정의 경우에는 비언어적 표현을 더 많이 사용하고 또 상대도 잘 이해한다고 합니다. 미소는 '나는 당신이 좋아요'라는 감정을 내포하고 있으며, 미소를 받는 사람도 그렇게 느끼게 됩니다. 상대는 당신에 대한 경계나 방어를 풀고, 당신의 좋은 감정을 받아들이고, 동시에 좋은 감정으로 당신을 보게 됩니다. 이렇듯 미소는 당신을 호감 가는 사람으로 만들어줍니다.

기분은 전염이 됩니다. 곰곰 생각해보십시오. 개인적으로 기분 나쁜 일이 있어 축 처져 있다가도 즐거운 분위기에 휩싸이면 자신도 모르게 기분이 밝아진 경험이 있을 겁니다. 또는 밖에서 즐거운 일로 기분 좋게 집에 들어왔지만, 식구들이 다 기분이 좋지 않으면 자신도 기분이 나빠진 적이 있을 겁니다. 미소는 좋은 기분의 표현 중 하나입니다. 소리 내어 웃을 수도 있고 펄쩍펄쩍 뛰면서 환호할 수도 있지만, 미소와 같이 은근한 기분 표현이 오히려 전염력이 더 강할 수 있습니다. 은근한 불에 감자가 속까지 잘 익듯이, 은근한 미소는 감정의 깊은 맛을 느끼게 하니까요.

이처럼 중요한 역할을 하는 미소는 첫인상의 핵심이기도 합니다. 머리, 옷, 화장, 말투와 몸짓 등 첫인상에 영향을 주는 많은 요소들 중 미소만 한 것은 없습니다. 첫인상이 중요하지 않은 만남은 없지만, 취업 면접이나 선보는 자리만큼 중요한 경우는 없을 겁니다. 필자와 의학 관련 학회 일을 한 30대 후반의 한 사무직 여성은 미소가 첫인상에 얼마나 중요한 요소인지를 잘 보여주었습니다. 그녀는 멀리서 봐도 프로로 보입니다. 머리스타일이나 화장 그리고 옷매무새 모두 완벽하다는 칭찬을 듣습니다. 더구나 그녀의 전매특허인 미소 띤 얼굴은 보는 사람마다 칭찬이 자자합니다. 그녀와 한 번이라도 같이 일을 해본 사람이라면, 사무직원이 필요할 때마다 그녀를 떠올릴 수밖에 없습니다. 일도 잘하지만, 무엇보다도 미소가 편안하기 때문이지요.

개인적으로 학회 일을 같이 한 덕에, 그녀의 미소에 얽힌 비밀을 들을 수 있었습니다. 20대까지 그녀는 할 일 없는 백수에, 연애 한 번 못해본 숙맥이었다고 합니다. 매번 서류전형에서는 좋은 점수를 받지만 면접에서 생각지도 못한 형편없는 점수로 떨어지고, 미팅에 나가거나 선을 보게 되면 프로필에 반했던 남자들도 막상 만나면 그녀를 편안하게 대하지 못해 연인관계로 발전하지 못했다는 것입니다. 그런 일이 수년 동안 반복되었으니 상처를 받지 않을 수 없었겠지요. 그러던 어느 여름, 어머니를 따라 절에 불공을 드리러 갔답니다. 그날 이후 그녀의 인생이 바뀌었습니다. 시험을 보는 족족 합격이 되고, 소개팅을 나가면 남자들이 적극적으로 관심을 보이는 통에 힘이 들 정도였습니다. 도대체 그 절에서 무슨 일이 있었던 걸까요?

어머니와 간절한 심정으로 불공을 드리고 나오다가 한 스님을 만났답니다. 나이가 지긋한 스님은 그녀의 얼굴을 보자마자, "보살님! 좀 웃어보시지요" 하며 빙그레 미소를 띠시더랍니다. 그 한마디가 가슴에 아로새겨졌나 봅니다. 이상하게도 노스님의 인자한 미소가 지워지지 않았다는군요. 그 미소에는 그녀가 겪은 모든 시련과 아픔을 다 이해하고 있다는 의미가 담겨 있는 것 같아서, 적지 않은 위안을 받았다고 합니다.

그녀는 거울 앞에 섰습니다. 그리고 노스님의 미소 짓던 얼굴을 떠올리고 자신의 얼굴과 겹쳐보면서 닮고자 애를 썼습니다. 그러고는 모든 것이 변한 것입니다. 미소를 짓다 보니 실제로 미소 지을 일들이 많이 생긴 것입니다.

이는 심리학 이론으로도 설명이 가능합니다. 미국의 유명한 심리학자 실반 톰킨스(Silvan Tomkins)가 제시한 '안면피드백이론(Facial feedback theory)'이 바로 그것입니다. 이 이론에 따르면, 표정 변화를 통해 우리의 감정을 조절하고 원하는 방향으로 이끌 수 있다고 합니다. 흔히 기분이 좋아야만 웃는다고 생각하지만, 실제 기분과는 무관하게 억지로라도 웃다 보면 웃을 때 생기는 화학적 반응이 일어나 기분이 좋아지는 것입니다.

초두효과와 첫인상

필자도 흔치는 않지만 면접관 역할을 하는 경우가 있습니다. 외적인 스타일은 사람마다 가지각색입니다. 그 스타일에 반응하는 사람들의 취향도 갖가지이고요. 당연히 어떤 면접관은 호감을 느끼지만, 다른 면접관은 그렇지 않은 경우가 적지 않습니다. 하지만 공통적으로 첫인상 평가에서 많은 점수를 주는 것이 미소입니다. 소리를 내는 웃음은 경박하거나 가벼운 사람이라는 부정적인 인상을 줄 수도 있지만 미소는 그럴 위험성조차 없습니다.

미소는 때론 다른 사람들에게 치료제가 되기도 합니다. 위안과 용기를 주기 때문이지요. 그뿐이 아닙니다. 자신에게 실질적인 이득을 가져다주기도 합니다. 첫인상이 좋으면 일이나 관계 등 많은 경우에서 성공적인 결과를 이끌어낼 수 있습니다. 이른바 '초두효과(primacy effect)' 때문이지요. 우리의 두뇌는 맨 처음 얻은 정보를 나중에 얻은 정보보다 더 잘 기억합니다. 첫인상이 좋으면 이 초두 효과를 톡톡히 누릴 수 있습니다. 그리고 이 첫인상을 좋게 하는 가장 좋은 방법이 바로 미소입니다.

TV에 나오는 연예인만 살인미소나 천사미소를 짓는다고 생각하지 마십시오. 평소 미소를 짓는 것이 어색한 사람이라면 아름다운 미소를 갖고 있는 사람의 사진을 거울에 붙이고 흉내 내는 연습을 해보세요. 입꼬리를 위쪽으로 추켜올리는 아주 단순한 동작으로도 많은 사람에게 긍정적인 평가를 받을 뿐만 아니라 긍정적인 영향을 줄 수 있다면, 혼자서 거울을 보고 웃는 어색함 정도는 이겨내야 하지 않을까요.

Advices for good attitudes

미소는 행복을 부릅니다.

당연히 마음에서 우러나오는 미소가

인위적인 미소보다 더 큰 행복을 가져오겠지요.

입꼬리가 위로 올라가는 동시에 눈초리에 까마귀 발 같은 주름이 생기는

뒤셴의 미소를 만들어봅시다.

스타일

조금은 튈 줄도 아는 멋스러운 사람

"스타일은 자신이 누구인지, 무슨 말을 하고 싶은 건지 아는 것이며,
그에 대해 누가 뭐라든 아랑곳하지 않는 것이다."

_고어 비달

태도를 구성하는 요소는 정서, 사고방식, 행동이지만 사람들은 당신의 '행동'을 보고 태도를 판단합니다. 정서나 사고방식은 감추려 해도 행동에서 드러나기 마련이고, 역으로 행동을 바꾸면 정서와 사고방식에도 변화가 생기니, 태도에서 제일 중요한 요소는 행동이라고 할 수 있습니다.

때론 이 행동이 '스타일'과 혼동되기도 합니다. 스타일은 여러 의미로 사용되는데, 그중에서도 패션스타일 같은 외적 치장의 의미로 가장 많이 사용됩니다. '허리가 잘록한 A라인 스커트와 아찔한 스틸레토힐의 레이디라이크룩 스타일'처럼 말이지요. 이런 외적 치장에다 취향을 더해서 스타일이라고 부르기도 합니다. 어떤 음악이나 영화를 좋아하는지에 따라 그 사람의 스타일이 결정되는 것입니다. 또 다른 의미로는 말투나 손짓 등의 매너를 더해서 스타일이라고 부르기도 합니다.

스타일에 대한 또 다른 시각도 있습니다. 『로마인 이야기』 등으로 유명한 일본 작가 시오노 나나미는 자신의 책 『남자들에게』에서, "스타일이란 깊이 있는 인격이 저도 모르게 배어나와, 아무것도 하지 않고도 주위 사람의 관심을 모은다"고 했습니다. 외형보다는 내적인 면을 강조한 것이지요. 스타일에 대한 그녀의 표현은 재미있습니다. "그 누구도 모른다. 그러나 누가 보아도 그런 줄 아는 것이 스타일이다." 스타일이란 외적인 표현이므로, '그렇게 만들려고 하지 않아도 그렇게 보여진다'는 뜻입니다.

그녀가 말하는 '스타일 좋은 사람'은 연령·성별·사회적 지위·경제 상태 등에서 완전히 자유로울 수 있는 사람, 윤리와 상식 등에서도 자유롭고 궁상스럽지 않은 사람, 마음속 깊은 곳에서는 인간성에 눈을 돌릴 수 있는 사람, 끝으로 멋있는 사람입니다. 그녀의 정의에 따르면 스타일은 바로 태도입니다. 자유로운 사고와 풍부한 감성 그리고 담대한 행동거지를 갖고 있다는 것은 '훌륭한 태도'의 조건으로도 안성맞춤입니다.

태도와 스타일을 헷갈리지 않기 위해, 지금부터 이야기할 스타일은 외모 또는 외적 형태에 국한시키려고 합니다. 내적 인격이나 사고와 감정 등을 포함하는 시오노 나나미 유의 스타일은 태도 자체니까요.

스타일과 태도, 동전의 앞면과 뒷면

스타일의 한 요소인 외적 치장과 태도는 어떤 관계가 있을까요? 사실 인간의 내면세계와 그것에 비해 빙산의 일각에 불과한 외형의 세계를 비교할 수는 없습니다. 그래서 "외모 따위는 별거 아니야!"라고 이야기할 수도 있습니다. 하지만 태도를 신경 써야 하는 상황이라면 다릅니다. 내적인 감정과 사고도 고려해야 하지만, 어느 정도 자신의 외적인 면을 돌아보고 발전을 꾀할 여유를 가져야 합니다.

무조건 외모를 폄하한다면 결코 좋은 태도를 지닐 수 없습니다. 단언컨대 외모와 치장은 태도를 크게 좌우합니다. '아니, 무슨 정신과의사가 이런 말을 해?'라고 의아해할 수도 있겠지만, 외모나 치장이 훌륭하지 않은데 좋은 태도로 평가받는 경우는 드물기 때문입니다. 외적 치장이 상대적으로 또는 나름의 방식으로 태도에 중요한 역할을 한다는 사실은 부정할 수 없습니다.

겉모습이 바뀌면서 삶 전체가 바뀌는 사례는 영화 속에서 쉽게 찾아볼 수 있습니다. 뚱뚱했던 여자 주인공이 성형수술을 통해 미인이 되면서 벌어지는 이야기를 담은 〈미녀는 괴로워〉, 나이가 들수록 점점 젊어지는 외모로 인해 평범치 않은 인생을 살게 되는 〈벤자민 버튼의 시간은 거꾸로 간다〉, 자고 나면 외모, 심지어 성(性)까지 변해서 생기는 해프닝과 진실한 사랑을 그린 〈뷰티인사이드〉 등 헤아릴 수 없이 많습니다. 이런 유의 작품에는 공통점이 하나 있습니다. 바로 외모가 변하면 나뿐만 아니고 주변 사람들과 세상마저도 바뀐다는 것입니다.

물론 영화에서는 재미를 위해 과장한 측면이 있지만, 현실의 삶도 크게 다르지 않습니다. 연구에 의하면, 외모에 자신이 있다고 생각하는 여성이 그렇지 못한 여성보다 '상대적'으로 직업이나 연애에 있어 만족도나 성취도가 더 높았습니다. 외적 치장으로 아름답게 보이는 사람에게 '상대적'으로 더 호감을 보인다는 것은, 면접관을 대상으로 한 실험에서도 나타났습니다. 절대적으로 외모가 아름다워서가 아니고 '비교를 해서 평가'하는 것입니다.

더불어 스스로 외모를 어떻게 생각하든, 이미 다른 사람들의 판단 속에는 외모가 중요한 잣대가 되었습니다. 슬프지만 현실입니다. 좋은 태도의 잠재력을 갖고도 제대로 평가받지 못하는 것보다는, 좋은 인상을 주기 위해 외모 관리까지 하는 것이 더 큰 도움이 될 듯합니다.

자신의 내면을 더욱 눈부시게 빛내줄 스타일을 갖기란 사실 생각보다 쉽지 않습니다. 거리를 지나는 사람들을 가만히 지켜보다 보면 깜짝 놀랄 때가 많습니다. 너무 비슷한 사람들이 넘쳐납니다. 옷에서부터 화장법은 물론이고 유행에 따라 얼굴마저 바꾸는 세상이 되었습니다. 누구나 남과 다르다는 것은 불안의 요소가 되기는 합니다. 하지만 남들과 같아지려고만 하면 개성이 없어 보이고, 자신을 제대로 표현할 수도 없습니다.

우리는 불안과 개성의 싸움에서 늘 불안에게 졌습니다. 그러다 보니 좋은 태도를 돋보이게 하는 외모의 장점이 오히려 반감됩니다. 획일화된 외모는 두드러지지 않으니 결점을 감출 때는 좋으나, 장점을 드러내기는 어렵습니다. 답은 '남과 다르지만 다르지 않게 보이도록 하는' 스타일의 기술에 있습니다. 물론 전문 스타일리스트도 이 부분에는 어려움을 느끼니 일반인들에게는 더 어려운 일이겠지요.

어쨌든 좋은 태도를 위해서라면 상황에 따른 외모의 변화가 필요합니다. 튀지 말아야 할 자리에서는 튀지 않게, 튀어야 하는 자리에서는 튀게 스타일을 꾸며야 합니다. TPO(Time, Place, Occasion) 즉 시간, 장소, 때에 따라 꾸며주어야 한다는 뜻이지요. 그렇지만 튀느냐 마느냐 중 한 가지만 골라야 한다면 당연히 튀어야 합니다. 스타일은 패션 이상의 의미를 지니고 있기 때문에 내가 가진 개성을 표현해야 합니다.

몸매와 다이어트에 집착해서는 안 되는 이유

외적 치장을 중시하는 시대에 살다 보니 몸매에 대한 관심도 예전보다 크게 높아졌습니다. 문제는 몸매에 대한 집착이 우려 수준에 이르러 '몸이 권력'인 시대가 되었다는 것입니다. 점점 살찐 사람은 설 자리가 없는 세상이 되어가고 있습니다. 초등학생부터 칠순 노인까지 다이어트를 결심합니다.

목적은 다양합니다. 건강을 위해서라면 문제가 없습니다. 하지만 외적 치장을 위해 다이어트에 집착증을 보이는 건 우려할 일입니다. 특히 한창 모방심리가 큰 청소년과 젊은이들이 TV나 스크린을 장식하는 스타들을 닮고자 맹목적으로 따라하는 것은 무모해 보입니다. 물론 현실적인 이유도 있습니다. 공부만 잘하면 되던 시절과는 달리 외모도 스펙이 되었으니까요. 경쟁과 비교가 만연한 사회에서 행복해지고 싶은 욕구가 삐뚜로 분출되고 있습니다. 이런 현상이 이제 우리 사회 전체의 가치관이 되어버렸습니다.

폭식증이나 거식증 같은 식이장애로 상담을 하는 젊은 친구들에게 '왜 그렇게 마르고 싶은지' 물어봤습니다. 답변은 비슷합니다. 예뻐지고 싶답니다. 예뻐지면 어떤 변화가 생기느냐고 물어보면, 자신감이 생긴답니다. 사람들이 자신을 긍정적인 시선으로 보아줄 것이라고 기대하는 것이지요.

그런데 심층상담을 해보면, 대부분 심각하게 자존감이 결여되어 있습니다. 자존감이란 쉽게 이야기해서 스스로를 '괜찮은 사람'이라고 느끼는 것입니다. 구박만 하는 어머니, 아무리 노력해도 경쟁 상대가 되지 않는 뛰어난 형제자매, 불행한 이야기지만 성적(性的) 트라우마, 그리고 외모지상주의의 현실 등 이유야 다양하지만, 모두 자신이 못났다고 생각합니다. 그러니 살이라도 빼서 좀 인정받고 싶은 거지요.

문제는 살을 뺀다고 자존감이 생기는 건 아니라는 것입니다. 다이어트의 특성상 체중 감량에 성공해도 마른 체형을 계속 유지하기는 바늘귀로 낙타가 지나가는 것처럼 어려운 일입니다. 그리고 살이 빠져 일시적으로 생긴 자존감은 오래 지속되지 못합니다. 결론은 다이어트의 반복 또는 다른 외적 변화를 통한 자존감 회복 시도밖에 없습니다. 그런데 반복적인 다이어트는 결국 심신을 병들게 합니다. 이러한 외적 변화 추구는 오히려 자존감 회복에 걸림돌이 됩니다.

물론 심한 비만인 경우에는 다이어트가 절실합니다. 건강상의 이유도 있지만, 사람들의 평가가 부정적이기 때문입니다. 비만 자체가 정신적으로 문제가 되지 않음에도 불구하고 '느린', '답답한', '게으른', '모자란', '게걸스러운' 등의 이미지로, 마치 태도에 문제가 있는 사람으로 평가합니다. 이런 억울한 선입견에 당하고 싶지 않다면 다이어트는 필요합니다. 그리고 건강한 심신과 정상 체형을 만들기 위한 몸매 관리는 좋습니다. 단, 초콜릿복근과 S라인에 집착하지 말고, 그렇게 되기 위한 노력의 과정이 건강한 삶을 위한 것이라는 점에 주목해야 합니다.

진정한 명품이란 무엇인가

스타일을 이야기하면서 '명품'에 대해 언급하지 않을 수 없습니다. 소위 명품 스타일에 많은 이들이 집착하기 때문입니다. 하지만 명품은 사람에 따라 '스타일'이 되기도 하지만 '겉치레'가 되는 경우도 많습니다.

미국의 이미지 컨설턴트인 브렌다 킨셀(Brenda Kinsel)은 자신의 책 『패션메이크오버(Brenda Kinsel's fashion makeover)』에서, 자신만의 스타일을 찾기 위한 네 가지 요소를 제안했습니다. 즉, 스타일을 위해서는 자신에 대한 이해가 필요하고, 트렌드에 연연하지 말 것이며, 태도는 누구도 가르쳐주지 않으니 스스로 찾아야 하고, 끝으로 적절한 자신감이 필요하다는 것입니다. 그러니 자신에게 어울리지 않는다면 그 어떤 명품도 소용없고, 유행을 좇는 것은 결코 스타일이 아니라는 것입니다. 자신만의 태도를 찾아야 하고, 그런 자신의 스타일에 자신감을 가져야 한다는 것이지요. 명품은 물건 자체의 가격, 역사, 전통에 대한 평가이지 그것을 착용하는 사람들에 대한 평가는 아니라는 것을 잊지 말아야 합니다.

행복한 삶을 위해서는 그보다 훨씬 귀한 명품들에 몰두해야 합니다. 시간, 행복, 사랑, 가족, 진정한 친구…… 이것들은 아무리 큰 돈으로도 살 수 없는 명품으로, 이것을 소유하기를 포기하는 것은 불행한 삶을 살겠다고 마음먹은 것과 같습니다. 자신을 돌아볼 줄 아는 사람이라면, 그런 가치를 포기한다는 것은 결코 있을 수 없는 일이겠지요.

명품이 명품으로 빛을 발하려면, 그 소유에 있어 어느 정도의 자격이 필요합니다. 적당한 경제력도 중요한 조건이겠지만, 무엇보다도 품위가 필요합니다. 품위 없이 돈만 많은 졸부나, 돈도 없는데 욕망만 가득한 허영덩어리는 명품을 소유할 자격이 없습니다. 그리고 명품이 명품답게 가치를 다하려면 경제력, 품위와 함께 가장 필수적인 조건인 삶의 태도가 필요합니다. 태도가 명품이라면 삶은 저절로 명품이 되는 것입니다.

Advices for good attitudes

때론 멋지게 차려입으세요.

있는 그대로의 당신을 어떻게 드러낼 수 있을까 생각하십시오.

스타일은 태도를 빛나게 하고, 태도는 스타일을 살려줍니다.

말

상대의 뜻을
잘 이해하고 말하는 사람

"현명한 사람은 반드시 해야 할 말이 있기 때문에 말한다.
바보는 뭔가 말을 해야 하기 때문에 말한다."

_플라톤

"임금님 귀는 당나귀 귀!"

　울창한 대나무숲에 들어가 큰 소리로 떠드는 모습을 상상만 해도 가슴이 시원해집니다. 임금님과 이발사(실은 두건장이)의 이야기는 누구나 다 아는 동화일 것입니다. 임금님 귀의 비밀을 이야기할 수 없어 큰 병을 얻은 이발사의 심정, 그리고 숲속에 들어가 마음껏 비밀을 털어놓았을 때의 쾌감이 어떠할지도 공감이 되겠지요. 그렇지만 자신의 귀를 제대로 보여줄 수 없어 꽁꽁 숨기고 살아야 했던 임금님의 마음은 어땠을까요? 그 역시 표현의 부자유에서 벗어날 수 없었기에 이발사와 마찬가지로 답답했을 것입니다.

　살아 있는 사람은 모두 말을 합니다. 언어적으로 표현하지 않는다면 죽은 것이나 마찬가지겠지요. 동물마저도 나름의 언어로 표현하지 못하면 괴로워합니다. 강아지를 키우던 지인이 단독주택에서 아파트로 이사를 가게 되었습니다. 고민 끝에 강아지에게 성대수술을 시켰습니다. 공동주택에서는 개 짖는 소리가 나면 키우기 힘드니까요. 첫 번째 수술을 하고 퇴원해서 집에 왔더니 쉰 소리로 짖기 시작하더랍니다. 동물병원 의사는 성대가 다시 붙어 그렇다면서 재수술을 했고, 이번에는 수술이 잘됐다는 말을 듣고 집으로 돌아왔답니다. 그런데 아무리 짖어도 소리가 나지 않게 된 강아지는 갑자기 죽고 말았습니다. 사인은 심장마비였습니다. 좀 과격한 사례지만, 이렇듯 언어적인 표현은 우리 삶에 있어서 목숨만큼이나 가치가 있다는 이야기를 하고 싶었습니다.

너무 말이 적거나, 너무 과하거나

태도에서 표현은 여러 가지 방식으로 이루어집니다. 언어적인 표현도 있지만 몸짓, 표정, 리액션과 같이 비언어적 표현도 있습니다. 그중에서 언어적 표현인 말처럼 중요한 것도 없습니다. 말하는 태도만 봐도 그 사람의 됨됨이와 인격을 알 수 있으며, 말 한 마디가 '혀 아래 도끼'가 될 수도 있습니다. 『명심보감』에서도 "입과 혀는 재앙과 근심의 문이고, 몸을 망치는 도끼"라고 했습니다. 그런데 말은 너무 적어도 문제, 너무 많아도 탈이 납니다.

어느 기업체에 강의를 나갔다가 만난 30대 중반의 한 남자 이야기입니다. 그는 홍보기획팀에서 일하다가 그 무렵 팀장 발령을 받았습니다. 워낙 열심히 일하고 선후배 잘 챙기기로 소문이 나서 팀장으로 낙점이 된 것인데, 팀장이 된 후 상황이 많이 달라졌다고 했습니다. 회사 내 대인관계에서 자꾸 미묘한 불협화음이 나고 주변 사람들이 예전 같지 않게 이기적으로 느껴진다는 것입니다. 팀장이 되었으니 일이 많아지고 사내에서 챙겨야 할 것도 많은데, 부장님은 자신을 만만하게 생각하는지 힘든 일만 골라서 주고, 팀원들은 자기 생각만 한다고 하더군요. 불만 가득한 그의 이야기를 다 들은 후 상사에게 제대로 어필해봤냐고 물었습니다. 그는 "그걸 꼭 말로 해야 하나요? 일하는 거 보면 부하직원의 업무가 지금 얼마나 과부하인지 알지 않겠어요?"

그는 상사가 알아주기만을 바랐습니다. 후배들에게도 마찬가지였습니다. 대개 팀장급이 되면 이런 고민을 많이 합니다. 리더가 되고 보니 일만큼이나 마음 써야 할 곳은 많아지는 반면에 자신의 마음을 알아주거나 도와주는 사람은 없다고 느끼게 됩니다. 거절하는 것도 쉽지 않고, 표현을 자제하다 보니 마음속에 응어리는 점점 더 커져만 갑니다.

언어적 표현에 익숙하지 않은 사람들의 일반적인 반응입니다. 여태껏 그렇게 하지 않고 살았는데, 굳이 태도를 바꿀 이유가 없다는 것입니다. 하지만 그는 곧 마음을 바꿔야만 했습니다. 좀처럼 표현을 하지 않는 자신을 남들이 업신여기는 것을 눈치챘기 때문입니다. 더구나 자신을 제일 잘 이해하고 있을 거라고 믿었던 가장 가까운 가족들마저 자신을 이해하지 못한다는 사실을 알게 되자, 표현의 중요성이 뼛속까지 사무치게 된 것입니다.

입장을 바꿔놓고 보자면, 그에게 무관심하고 그의 마음을 알아주지 않는 것이 꼭 그 사람들의 잘못만은 아닙니다. 세상 모든 사람이 자기 마음 같을 수는 없습니다. 표현하지 않아도 고마워하고 배려하는 사람들이 현실 속에는 그리 많지 않습니다. '불편하다', '싫다', '아니다'라고 표현하지 않으면 '편하다', '좋다', '맞다'라는 뜻으로 받아들이기가 쉽습니다.

반면 지나치게 말이 많으면 사람들이 떠납니다. 동네마다 반상회가 있듯이 의사들도 반상회가 있습니다. 같은 지역의 의사들끼리 만나 친목을 다지고 정보를 교환하는 모임이지요. 처음 개업을 해서 반상회에 나갔을 때는 몰랐으나, 몇 번 나가 익숙해지자 피하고 싶은 선생님이 생기기 시작했습니다. 그래서 그 선생님이 나오는 자리에는 가지 않게 되더군요. 자꾸 모임에 빠지니까 어느 날 친한 선배님이 전화를 하셨습니다. "김 박사, 왜 자꾸 모임에 안 나와?" 차마 그 선생님 때문이라고 말하기가 어려워 머뭇거리고 있는데, 선배님은 족집게처럼 제 마음을 집어내셨습니다. "그 선생 때문이지?"

깜짝 놀랐습니다. 아마 그 모임에 참석하는 의사들이 모두 저와 비슷한 생각을 하고 있었나 봅니다. 그 선생님은 말이 너무 많았습니다. 대화가 아니라 매번 혼자 떠드는 수준이었지요. 상대의 기분도 개의치 않았고 감정 표현도 너무 노골적이었습니다. 게다가 표정과 손짓도 과해서 부담스럽기 일쑤였습니다. 이처럼 과장된 표현과 상호 교류가 아닌 일방적인 대화는 어느 누구에게도 환영받지 못합니다.

프로이트적 말실수란

태도는 표현되어야 의미가 있습니다. 얌전하고 조용한 태도를 갖고 있더라도 자신의 그런 태도를 상대가 느낄 수 있게 표현해야 합니다. 감정과 생각의 표현은 두 가지 방식으로 이루어집니다. 주로 말이나 글 같은 언어적 표현과 행동이나 표정 같은 비언어적 표현이 있습니다. 언어적 표현은 주로 이성적인 지배를 받습니다. 좋은 말만 골라 하고, 상대가 듣기 싫어하는 말은 하지 않을 수가 있습니다.

하지만 비언어적 표현은 그렇지 않습니다. 숨기기가 쉽지 않습니다. 오히려 의식적으로 언어적 표현을 억제했을 때 비언어적 표현이 강화되는 경우도 적지 않습니다. 비언어적 표현은 통제하기가 쉽지 않기 때문입니다. 예를 들면, 사람들 앞에서 얼굴이 잘 붉어지는 사람은 그런 티를 내지 않으려다 보니 더 붉어집니다. 하지만 "난 원래 얼굴이 잘 빨개진다"고 고백하면, 그 순간 증상이 멈춥니다. 이미 언어적으로 표현이 되었으니 몸이 그것을 보여줄 필요가 없게 된 것이지요. 그러므로 표현을 통해 좋은 태도를 갖고자 한다면, 언어적인 표현을 중요하게 생각해야 합니다.

물론 언어적 표현의 실수는 우리가 생각지도 못한 커다란 파장을 불러일으키기도 합니다. 정치인들이 의도적이든 그렇지 않든 말실수로 낙마(落馬)하는 경우가 적지 않습니다. 최고 권력자인 대통령 또한 언어적 표현에서 실수를 범할 때가 있고, 이는 심각한 문제로 비화되기도 합니다. 미국이 가장 사랑하는 대통령 가운데 한 사람인 로널드 레이건(Ronald Reagan) 또한 말실수로 자주 구설수에 올랐습니다.

1988년 연설 도중 '진실은 결국 밝혀진다(Facts are stubborn things)'라는 인용구를 '진실은 멍청한 것이다(Facts are stupid things)'라고 잘못 말한 적이 있습니다. 사람들은 정의와 민주주의를 지키겠다는 결의에 찬 그의 태도 이면에 사악한 정치적 술수가 숨어 있는 것은 아닌지 의심하기도 했습니다. 하지만 그 이전인 1984년에 온 국민을 경악하게 했던 말실수에 비하면 가볍게 넘어갈 수도 있을 것 같습니다. 라디오 연설 전 마이크 테스트를 하는 과정에서 "친애하는 국민 여러분! 러시아를 영원히 제거하고자 하는 작전 명령을 내렸다는 것을 알려드리게 되어 기쁩니다. 폭격은 5분 내에 시작될 것입니다(My fellow Americans, I am pleased to tell you I just signed legislation which outlaws Russia forever. The bombing begins in five minutes)"라고 한 것입니다. 평소 그의 러시아에 대한 적대적 태도를 알 수 있는 대목이었습니다. 사실 단순히 말실수로 본다면, 단어를 헷갈렸다거나 아무도 듣지 않으니 장난으로 해본 말 정도로 치부할 수도 있습니다. 하지만 말실수에 무의식적인 의도가 숨어 있다면 문제가 심각해집니다.

소위 '프로이트적 말실수(Freudian slips)'라는 것이 있습니다. 언어적 표현의 실수에 다른 의도가 있다고 짐작되는 경우지요. 즉, 어떤 말을 하면서 원래 쓰고자 했던 단어가 아닌 다른 단어를 쓰는 실수를 했는데, 실은 무의식적으로는 그 단어를 쓰고 싶어 했었다는 것입니다. 예를 들어, 남편이나 아내를 부르면서 자신의 아버지나 어머니 이름을 부르는 것입니다. 무의식적인 오이디푸스 콤플렉스가 발현되는 순간입니다. 또 대기업 회장이 출장을 가는데 공항에 마중 나온 후계자 아들이 "안녕히 다녀오십시오"라고 할 것을 "안녕히 돌아가십시오"라고 한 것 역시 프로이트적 말실수입니다.

레이건의 실수가 프로이트적 말실수였는지 아닌지는 모르겠지만, 자신의 이야기에 책임을 져야 하는 정치인의 태도로는 빵점인 셈이지요. 비단 정치인만 그런 것은 아닙니다. 우리 모두에게 말실수는 치명적까지는 아니라도, 신뢰를 떨어뜨리거나 거리감을 갖게 할 수 있습니다. 무의식적인 동기가 숨어 있는 프로이트적 말실수라면, 안타깝게도 막을 방법이 많지 않습니다. 스스로 의도를 파악하고 신중하게 대처하는 수밖에 없지요. 하지만 그저 부주의로 인한 말실수라면 막아볼 수 있습니다.

가능하면 언어적 표현에 실수가 없어야겠지만, 그렇다고 가끔 발생하는 말실수에 큰 스트레스를 받을 필요는 없습니다. 의도적이지 않다면, 즉각 사과하세요. 누구나 말실수를 할 수 있으니 이해해 줄 겁니다. 그렇지만 만약 노력을 해도 같은 말실수를 반복하게 된다면 어떻게 된 것일까요? 그렇다면 아마도 프로이트적 말실수일 가능성이 높습니다. 당신의 무의식 속에 숨은 의도를 찾아봐야 할 것입니다.

언어적 표현을 잘하는 방법

말을 잘하기 위해서는 무엇보다 '이해'가 중요합니다. 상대의 표현을 이해할 때는 비언어적 표현에 집중해야 합니다. 비언어적 표현을 이해하기 힘들다면, 적어도 언어적 표현과 일치하는지 판단해야 합니다. 거꾸로 표현을 할 때는 언어적 표현에 유의해야 합니다. 특히 요즘은 상대를 이해하고 나를 표현하는 것이 태도의 측면에서뿐만 아니라 심리학, 경제학, 정치학 등 사회 전반에 걸쳐 화두가 되고 있기 때문에 많은 연구가 이루어지고 있습니다.

비언어적 표현을 잘하는 방법으로는 어떤 것이 있을까요? 신체 언어 전문가인 토니야 레이맨(Toniya Reiman)은 자신의 저서 『왜 그녀는 다리를 꼬았을까(The power of body language)』에서 의사소통의 달인이 되기 위한 전략을 소개하고 있습니다. 얼굴의 긴장을 풀고, 좌우균형을 유지하고, 밝고 환한 미소, 악수, 고개짓과 상대 몸짓 따라하기, 제스처 이용하기, 목소리 변화 주기, 다른 사람의 개인 영역 존중하기, 좋은 감정 갖기 그리고 행동계획 세우기 등입니다. 꽤나 복잡하지요? 필자의 생각으로는 그저 상대에게 집중하고 그의 표현에 잘 동화만 된다면, 비언어적 표현을 잘하려고 일부러

애쓸 필요는 없을 것 같습니다. 타고난 재주가 없거나 또는 연극배우처럼 감정과 사고를 표현하는 방법을 체계적으로 배우지 않았다면, 언어적으로 표현하기 위해 노력해야 합니다.

좋은 태도를 위해 언어적 표현을 어떻게 하는 것이 좋은지 살펴보기 위해, 앞서 이야기했던 기업체 팀장의 사례로 돌아가봅시다. 리더가 된 이후 표현을 삼가야 한다는 생각에 묵묵히 속앓이를 했던 그에게는 어떤 해결책이 필요할까요?

우선 자신의 감정과 사고를 잘 살펴보아야 합니다. 첫 단계는 자신이 표현하고자 하는 것이 무엇인가 아는 것입니다. 그러고는 그 표현을 언어적으로 정리해야 합니다. 자칫 감정에 휩싸이면, 하고자 하는 이야기와는 상관없는 엉뚱한 표현을 할 수도 있으므로, 표현하려는 것의 핵심을 정리하는 것이 중요합니다. 그러고는 상대에게 감정을 최대한 자제하고 용기를 내서 이야기를 꺼냅니다. "왜 지방 출장은 저만 가야 합니까?"라고 정당한 항의를 하면 부장은 "아 그랬나? 모르고 있었네. 순번을 제대로 정해야겠구먼"이라고 답할 것입니다. 물론 이렇게 용기를 내어 표현한다고 해서 만사형통하는 것은 아닙니다. 때론 불이익을 당할 수도 있고, 감정이 상한 상대와 멀어질 수도 있습니다. 하지만 마음으로부터 우러난 말은 적절히 표현해주어야 억울함과 박탈감에서 벗어날 수 있고, 상대와도 더 큰 상처와 오해를 낳지 않을 수 있습니다.

마음은 굴뚝같지만, 막상 하려고 하면 실수에 대한 두려움이 너무 큽니다. 그래도 일단은 저질러야 합니다. 자전거 타기를 생각해 보세요. 태어날 때부터 자전거 잘 타는 사람이 어디 있습니까? 처음에는 방향 전환도 안 됩니다. 왼쪽으로 가려고 하면 오른쪽으로 가고, 똑바로 가고 있는 거 같은데 옆으로 돌아서 전봇대를 박기도 합니다. 하지만 포기하지 않으면, 어느 날인가부터 자신도 모르게 자전거를 잘 다루게 됩니다. 원하는 방향으로 갈 수도 있고, 속도 조절도 하고, 때로는 핸들에서 손을 놓고 타기도 합니다.

자전거 타는 것이 학습이듯 태도를 바꾸는 것도 학습입니다. 그러니 용기를 내십시오.

Advices for good attitudes

외로움을 덜어줄 단 하나의 치료약을 원한다면,

단연코 '수다 떨기'를 권합니다.

대화는 나를 표현하고 상대를 이해할 수 있는

가장 발달된 인간의 능력이니까요.

리액션

반가움과 고마움을 온몸으로 표현하는 사람

"몸짓은 거짓말을 하지 않는다."
_릴리안 글래스

"박사님! 너무 리액션이 없으세요! 상대 출연자가 기가 죽는답니다. 기 좀 살려주세요!"

한 대담 프로그램에 출연했는데, 방송이 끝나고 나서 메인작가가 필자에게 넌지시 충고를 건넸습니다. 대충 감은 왔지만, 어떻게 하는 것이 좋은 리액션이냐고 되물었습니다.

"무슨 말을 하든, 즐겁게 받아들이고 웃고 박수치고 칭찬해주세요. 리액션이 없으면 출연자들이 주눅 들어서 시청률이 떨어집니다."

당황했습니다. 내 리액션과 시청률을 연관 지어 생각하고 있구나 하는 걱정이 얼굴에 스치는 찰나, 작가가 웃으면서 말을 하더군요.

"박사님, 방송용 애티튜드 모르세요? 무조건 오버해서 리액션하시면 돼요!"

처음 방송에 나갔던 1990년대 말만 해도, 정신과의사 같은 전문가 패널은 그저 근엄한 표정으로 앉아 있다가 출연자들의 질문에 답을 주거나 마무리 정리를 해주면 됐습니다. 오히려 큰 소리로 웃거나 맞장구치는 등의 리액션을 하면 경박하다거나 깊이가 없다고 비난받기도 했습니다. 방송에서뿐만 아닙니다. 일상생활 속에서도 리액션은 참 많이 변했습니다.

리액션 부족과 애정결핍

리액션은 애정결핍의 문제와도 연관이 있습니다. 청소년 친구들이 상담하러 올 때가 있습니다. 그들이 갖고 있는 문제는 첫 번째가 친구, 두 번째가 학업, 그리고 세 번째가 부모와의 갈등입니다. 친구나 학업의 문제와는 달리, 부모와의 갈등은 복잡한 구석이 있습니다. 부모-자녀의 문제 유형은 다양한데, 대개 부모들은 자녀에 대한 사랑이 지극한데도 자녀들은 부모에게 사랑을 못 받았다고 합니다. "우리 부모는 나를 세상에서 제일 싫어한다"고 말하는 청소년의 부모는 "세상에서 우리 아이를 제일 사랑한다"고 말합니다. 초등학생은 물론이고 대학 1~2학년 정도까지 이 문제로 고민을 합니다. 실은 성인 상담 중에도 심심치 않게 튀어나오는 문제이기도 합니다. 정말 부모가 사랑을 안 주어서 그럴 수도 있겠지만, 많은 경우 자식들이 부모의 사랑을 느끼지 못하기 때문입니다.

이 문제의 해결은 쉽고도 어렵습니다. 해결의 열쇠를 갖고 있는 쪽은 부모지요. 애정결핍을 해소하는 가장 좋은 방법은 '사랑'입니다. 누가 그걸 모르냐고 코웃음 칠지도 모르지만, 그만한 약이 없습니다. 성인의 경우에는 부모의 사랑만큼이나 스스로에 대한 자기애가 중요하지만, 청소년들에게는 여전히 부모의 사랑이 더 좋은 치료약입니다. 단, 자식을 지극히 사랑한다는 전제하에 여태껏 사랑해오던 방법을 바꿔야 합니다. 그때 필요한 것이 바로 '리액션'입니다. 칭찬을 해주면 아이들은 바뀝니다. '잘했다', '훌륭하다', '멋지다'라는 말, 머리를 쓰다듬어주고 안아주고 볼을 비비는 것, 밝게 웃고 함께 기뻐해주는 것…… 이런 리액션이 있어야 아이들은 '이게 바로 사랑이야!'라고 느끼니까요. 물론 부모들에게 리액션은 여전히 낯간지러운 일입니다. 일순간에 표현법을 바꾸기가 쉽지 않을 것입니다. 하지만 자녀와의 관계를 개선할 수 있는 유일한 희망일 수도 있으니, 당장 시도해보시기 바랍니다.

리액션의 태도가 중요한 이유

성인이 되어서도 마찬가지입니다. 상대로 하여금 내 사랑을 느끼게 하려면 좀 더 적극적인 리액션이 필요합니다. 사랑하는 사람에게 당신의 마음을 전달한다고 생각해보세요. 만약 프러포즈를 한다면, 리액션만큼 중요한 것은 없을 겁니다. 프러포즈를 받고 기쁜 마음을 제대로 표현하지 못한다면 얼마나 맥이 빠지겠습니까.

사랑이라는 극적인 감정 말고도, 반가움이나 감사 등 좋은 감정을 나타낼 때는 가능하면 큰 리액션이 좋습니다. 옛말에 반가운 사람이 오면 '버선발로 뛰어나간다'는 표현이 있습니다. 마음속에 반가움을 담아두기만 하는 것과 상대가 그 마음을 느끼게 하는 것은 그야말로 천지차이입니다. 만약 중요한 비즈니스 상대를 만났다면 악수를 할 때부터 리액션에 주의를 기울이는 것이 좋습니다. 그 악

수 한 번이 첫인상과도 같은 효과를 줄 수 있기 때문입니다.

거꾸로 미움이나 분노같이 보이고 싶지 않은 감정이 있다면, 가능하면 리액션을 자제해야 합니다. 대학 전임의 시절, 별로 사이가 좋지 않던 후배의 논문 주제 발표 시간이었습니다. 담당 지도교수를 대신하게 되었기 때문에 피하고 싶어도 피할 수가 없었지요. 더구나 발표한 논문 주제를 비판하고 조언하는 일은, 당사자에게는 매우 중요한 일이었기 때문에 긴장하지 않을 수 없었습니다. '저 친구를 별로 좋아하지 않으니 가능하면 악감정을 표현하지 말아야지'라는 생각으로 발표를 들었습니다. 드디어 필자의 비판 시간이 되었습니다.

"좋은 주제, 잘 들었습니다"로 시작해서, 마지막에 "좀 더 다듬으면 좋은 논문이 될 것 같습니다. 수고하셨습니다"라는 지극히 무난한 멘트로 마무리했습니다. 내심 속을 내보이지 않아서 다행이라며 안심하는 순간, 주임교수님의 지적이 있었습니다. "닥터 김은 아직 젊어서 그런지 지적이 아주 날카로운데! 발표자 난감해하는 거 봐!" 순간 필자도 당황했지만, 발표자의 얼굴은 홍당무가 되었고 불편한 기색이 테이블 건너편까지 전달되었습니다. 그때 눈에 들어온 것은, 필자의 오른손 밑에 수북이 쌓인 부러진 성냥개비였습니다. 당시에는 금연구역이란 것도 없었고, 참석하신 교수님들 대부분이 담배를 피우던 시절이었습니다. '얼마나 발표가 불만스러웠으면 그 많은 성냥개비를 다 부러뜨려!' 아마 저를 보는 사람들은 이런 생각을 했을 것입니다. 필자의 강평과는 상관없이, 그런 태도에서 논문 주제에 적잖이 불만을 갖고 있음이 드러났고, 당연히 지적 내용은 더 아프게 들렸을 겁니다.

다행인지 불행인지, 그 자리에서 저는 후배의 논문 공동저자로 임명되었고 논문은 무사히 통과했습니다. 전문의를 따는 데 일조를 한 덕에 후배에게 미안한 감정을 조금이나마 덜 수 있었습니다.

'보디존'을 알아야 효과적인 리액션을 할 수 있다

적절한 리액션은 옷을 입는 것과 같습니다. 시간, 장소, 상황에 맞아야겠지요. 특히 타이밍이 중요합니다. 일종의 반응속도인데요, 가능하면 빠른 반응이 좋습니다. 너무 늦은 리액션은 '오버하는구나!' 또는 '뒷북이네요!'라는 말을 듣기 십상입니다. 차라리 안 하느니만 못하지요. 그렇다면 반응속도를 빨리하려면 어떻게 해야 할까요? 리액션도 연습이 필요하겠지만, 실전에서는 리액션을 어떻게 할 것인지 구체적으로 머릿속으로 그려가며 상대를 대해서는 안 됩니다. 그렇게 하면 어설프다든지, 자연스럽지 못하다든지 하는 부작용이 더 많습니다. 가능하면 '리액션을 해야지' 하는 생각 외에 다른 생각은 버리고 상대의 표현에 집중하세요. 언어적 표현이든 비언어적 표현이든, 상대의 표현을 몸과 마음으로 따라 들어가세요. 그러다 보면 적절한 순간에 물 흐르듯 자연스럽게 리액션이 나올 것입니다.

상대와의 거리 또한 중요합니다. 동물들에게 자신들의 영역이 있듯이, 인간에게도 자신만의 공간이 있습니다. 리액션은 어떤 공간에서 시작되느냐가 중요합니다. 다시 말해서, 당신과 상대가 얼마나 떨어져 있느냐에 따라서 태도가 결정되기도 합니다.

인간과 인간 사이의 공간을 '보디존(body zone)'이라고 합니다. 미국의 인류학자이자 비교문화연구가인 에드워드 홀(Edward T. Hall)은 인간의 보디존을 네 가지로 분류했습니다. 인간과 인간 사이의 거리가 약 45센티미터 이하일 때 친밀한 거리(intimate distance), 약 45~120센티미터일 때 개인적 거리(personal distance), 약 120~350 센티미터면 사회적 거리(social distance), 약 350센티미터 이상인 경우 공적 거리(public distance)로 구분했습니다.

'친밀한 거리'는 가족, 친구, 그리고 사랑하는 연인 사이의 거리입니다. 이들은 서로의 보디존에 들어와도 불편함이 없고 오히려 더 친근감을 느끼게 됩니다. '개인적 거리'는 친밀감은 있으나 아주 가깝지는 않은 사이를 말하지요. 보통 일상적인 대화를 나눌 때 편안한 거리입니다. '사회적 거리'는 예의와 격식이 필요한 공식적인 대화가 이루어지는 경우입니다. 사람들이 많은 집단의 경우 모두가 함께 편안하게 대화를 나눌 수 있는 거리죠. 마지막으로 '공적 거리'는 강의를 듣거나 할 때 편안하게 느끼는 거리입니다. 서로 감정적 소통이 쉽게 이루어지지는 않지만, 대화 내용의 전달에는 불편함이 없지요. 물리적인 공간의 거리가 실제로 친밀함의 정도를 보는 잣대가 되는 것은 우리말도 뉘앙스가 비슷합니다. '서로 가까운 사이'라든지, '가깝지도 멀지도 않은 사이'와 같은 표현을 보면 보디존의 개념과 유사합니다.

좋은 리액션을 위해서는 이 보디존을 이용해야 합니다. 우선 적절한 거리를 찾는 것이 중요합니다. 만약 친밀한데 멀리 떨어져 있으면 상대는 당신에게 '거리감'을 느낄 것입니다. 별로 친밀하지 않은데 가깝게 붙으려 한다면, 상대는 자기 공간을 침범당했다고 느끼며 당신을 경계할 것입니다. 그러므로 적당한 거리를 찾은 후 아주 조금씩 다가서는 것이 좋습니다. 물론 상대와 친해질 의도가 없다거나 부담스럽다면, 약간씩 거리를 두는 것이 현명하겠지요. 주의할 점은, 거리가 가까울수록 리액션은 상대적으로 작게 해야 한다는 것입니다. 특히 조금씩 다가서서 상대가 경계하는 거리를 넘어섰을 때, 큰 리액션은 자칫 상대의 경계심을 더 강화하는 꼴이 되기도 합니다. 반면 떨어진 거리에서는 좀 더 큰 리액션이 좋겠지요. 마치 대담 프로그램에서 작가가 필자에게 요구했던 것과 마찬가지로 말입니다. 멀리 떨어진 출연자나 시청자 또는 방청객을 위해서는 당연히 큰 리액션이 필요했을 겁니다.

상대가 가까이 있다면 터치도 중요한 리액션이 됩니다. 특히 그 과정에서 스킨십이 이루어지므로 감정적으로 좀 더 가까워질 수도 있습니다. 중요한 것은 상대의 반응을 꼭 점검해야 한다는 것입니다. 당신이 터치를 한 직후에 상대가 불쾌한 표정을 짓거나, 한 걸음 물러나거나 움찔한다면, 그다음 리액션부터는 그런 행동을 자제해야 합니다. 특히 요즘처럼 '직장 내 성희롱' 등의 문제가 심각한 경우에도, 보디존을 이해하고 스킨십을 조절한다면 좋은 태도를 지닌 사람으로 평가받게 될 것입니다.

리액션은 비언어적 표현의 하나입니다. 좋은 태도를 지녔다는 평가를 받기 위해서는 적절한 거리와 강도가 필요하겠지만, 우선은 리액션을 하겠다는 마음가짐부터 다져야 합니다. 처음에는 어색하겠지만 곧 익숙해질 것입니다.

Advices for good attitudes

리액션은 감정 반응을 보여주는 거울입니다.

볼록거울이 되어 보다 큰 리액션을 보여준다면,

상대는 쉽사리 당신 감정을 알아차릴 수 있을 겁니다.

반대로, 숨기고 싶은 감정이 있다면

오목거울이 되어야겠지요.

유머

웃길 줄 알고 웃을 줄 아는
능력을 가진 사람

"실망과 근심으로 가득한 세상에서
절망에 빠지지 않기 위해 선택할 수 있는 탈출구는
철학이나 유머에 의지하는 것이다."
_찰리 채플린

"내게 유머센스가 없었다면, 벌써 자살했을 거네."

윈저 스타일의 동그란 안경과 선하고 깊은 미소가 매력적인 마하트마 간디(Mahatma Gandhi)의 말입니다. 비폭력저항운동으로 인도의 독립에 지대한 공헌을 한 그이지만, 인간적으로는 많은 어려움이 있었으리라 짐작하고도 남습니다. 그는 모든 것을 포기하고 싶을 정도로 힘이 들어도 웃을 수 있었기에 끝까지 저항운동을 포기하지 않았다고 합니다.

유머란 특별한 능력입니다. 다른 사람들에게 웃음을 불러일으키고 즐거움을 선사합니다. 물론 유머센스, 즉 유머를 이해하고 그 느낌을 표현할 수 있는 능력은 사람마다 다릅니다. 인지적 능력이 뛰어나지 못하면 유머를 잘 이해하지 못해서, 남들은 다 웃고 있을 때 멍하니 땅만 쳐다보게 됩니다. 다행히 간디는 유머센스가 발달했기에 힘들 때 위기를 극복하는 힘이 되었을 겁니다.

유머란 무엇일까

유머(humor)는 고대 그리스의 의학에서 나온 말입니다. '체액'이라는 뜻으로, 인간의 감정은 혈액·점액·담즙·흑담즙의 네 가지 체액의 균형으로부터 나온다고 믿었습니다. 변덕스러운 사람, 짜증을 잘 내는 사람 등은 이 체액의 균형이 깨졌기 때문이라고 했지요. 감정을 지배하는 체액을 뜻하는 유머가, 웃음과 유희를 의미하는 요즘의 유머로 변화한 것입니다.

심리학적으로 유머는 가장 수준 높은 정신방어기전 중 하나입니다. 정신방어기전이란 자아가 자신을 보호하는 전략을 말합니다. 이드(id, 자아·초자아와 함께 정신을 구성하는 하나의 요소로 쾌감원리를 따른다)에 있는 사회적으로 용납될 수 없는 본능적 욕구나 충동이 밖으로 튀어나오는 것을 막고, 또 이런 욕구와 충동을 억압하는 초자아에 의한 불안을 해소하기 위한 전략입니다.

폐암에 걸린 환자가 의사의 금연 권고를 듣고도 버젓이 담배를 피우는 경우를 봅시다. 이드 속 본능인 구강적 욕구를 충족시키기 위해 흡연을 하고 싶으나, 초자아 속 의사의 권고와 충돌합니다. 담배를 안 피우자니 참기가 어렵고, 의사의 권고를 무시하고 그냥 피우자니 폐암이 악화될 것 같아 불안합니다. 이 갈등이 극에 달하면, 자신의 욕구를 충족시키고 불안감 없이 의사의 권고를 어기기 위해 '나는 폐암에 안 걸렸어'라고 현실부정을 하기에 이릅니다. 이것이 정신방어기전 중 하나인 '부정'의 예입니다.

미국의 정신의학자이자 인생성장 연구의 대가인 조지 베일런트(George E. Vaillant)는 정신방어기전을 자기애적 방어기전, 미성숙 방어기전, 신경증적 방어기전, 성숙한 방어기전으로 구분했습니다. 자기애적 방어는 아주 원시적인 방어를 뜻하고, 반대로 성숙한 방어는 가장 발전된 형태의 방어를 뜻합니다. 예를 들어, 앞서 이야기한 '부정'은 아주 미숙한 자기애적 방어기전의 하나입니다. 가장 성숙한 방어기전에는 '이타주의', '대비', '승화', '금욕주의', '유머' 등이 있습니다. 이타주의란 말 그대로 남을 더 아끼는 것이고, 대비는 앞으로 닥칠 일에 대한 준비이며, 승화는 본능적 욕구를 사회에서 수용 가능한 형태로 바꾸는 것이고, 금욕주의는 본능적 욕구를 억제하는 것입니다. 심리적인 정신방어기전으로 유머는 견디기 어려운 감정이나 고통을 있는 그대로 보면서 어려움 없이 표현하는 것을 뜻합니다. 그저 웃기는 말로 어려움이나 고통을 덮어버리는 위트와는 다릅니다.

유머가 성숙한 방어기전인 반면에, 위트는 한 단계 아래인 신경증적 방어기전 중 하나인 '전치(displacement)'입니다. 유머는 웃음의 대상에게 동정이나 연민 같은 감정이 혼합되어 나타나지만, 위트는 교묘한 말장난 같은 언어적 유희에 더 가깝습니다. 감정이 빠진 인지적인 표현입니다.

좋은 태도로서 유머의 역할

프로이트는 삶의 여러 스트레스 국면을 잘 이겨낼 수 있는 좋은 무기로 유머를 들었습니다. 조지 베일런트 또한 다양한 계층 사람들과의 심층인터뷰 후 저술한 『성공적 삶의 심리학(Adaptation to Life)』에서, 사회적으로 성공하고 행복한 삶을 살고 있는 사람들의 경우 유머가 스트레스를 푸는 아주 효과적인 도구라고 했습니다.

이처럼 유머는 우울증과 불안증의 원인인 스트레스와 갈등을 잘 이겨낼 수 있는 원동력으로, 행복한 삶을 살 수 있는 비결이기도 합니다. 뿐만 아니라 상대의 아픔마저도 사라지게 할 수 있습니다. 극적인 유머일수록 그 바탕에는 짙은 페이소스(Pathos)가 깔려 있다고 합니다. 슬픔, 연민, 고통 등이 유머를 만드는 재료인 셈입니다. 하지만 정신방어기전에서 살펴봤듯이, 유머는 그 힘겨운 아픔을 그대로 보면서도 이야기하고 웃고 즐길 수 있는 성숙한 태도이기 때문에 이 과정을 통해서 아픔이 치유되는 것입니다.

유머가 건강에 미치는 영향은 어떠할까요? 당연히 긍정적인 영향을 미칩니다. 대부분의 연구에서 공통적으로 유머는 스트레스 완화에 탁월한 효과가 있고, 우울증 치료에도 도움을 준다는 것이 입증되었습니다. 신체적으로도 유익합니다. 엔도르핀과 도파민의 분비가 늘어나고, 면역이 증가하고, 이완이 잘되며, 통증도 덜 느낍니다.

유머감각이 좋은 사람들은 스트레스에 크게 흔들리지 않습니다. 반면 유머감각이 떨어지는 사람은 작은 스트레스에도 감정적으로 쉽게 흔들립니다. 유머를 즐기는 사람들은 스트레스에 강하고 정서적으로 안정적이라는 것 외에도 심리적으로 이득이 많습니다. 안녕감(well-being)이 높아지고, 우울·불안·긴장이 완화되며, 자존감과 회복탄력성이 증가하며, 희망적이고 긍정적이며 활력이 넘칩니다. 사회적 관계에도 좋은 점이 많습니다. 친구와 가족과의 유대감이 공고해지고, 소속 집단에서의 융화가 강화되며, 다른 사람에게 매력적으로 보이고, 결혼생활도 비교적 행복하다고 합니다.

뿐만 아니라 유머는 단순히 웃음을 주는 기능 외에 창의력을 증진시키고, 문제해결 능력도 좋아지게 하며, 기억력 증진에도 도움을 주는 등 인지 기능에 긍정적인 영향을 미칩니다. 이처럼 신비의 명약과도 같은 유머는 현실에 대한 탁월한 안목과 타인의 마음을 헤아리는 공감의 능력 없이는 절대 즐길 수 없습니다. 당연히 타인에게 선물이 될 수도 없지요. 그래서 세계적인 심리학자이자 창의력 전문가인 에드워드 드 보노(Edward de Bono)는 "유머는 인간의 두뇌활동 중 가장 탁월한 활동"이라고 말했습니다.

어떤 유머가 좋은 영향을 미치는가

태도의 요소 중 행동에서는 언제나 적재적소가 중요합니다. 필자도 늘 조심하지만, 때와 장소에 적절하지 않은 유머는 상대를 아프게 하거나 되레 시빗거리가 될 수도 있습니다. 유머는 하는 사람의 센스도 중요하지만 받아들이는 사람의 센스도 중요하기 때문입니다. 본디 유머센스가 없는 사람이거나, 기분이 무척 상해 있거나 화가 나 있는 사람에게, 어쭙잖은 유머를 던졌다가는 욕먹기 십상입니다. 게다가 낯선 상대라면 유머가 해가 될 수도 있습니다. 그래서 상대의 기분과 상황을 잘 살핀 후 적절한 유머를 선택해야 합니다.

유머도 유형을 나눌 수 있을까요? TV 예능 프로그램을 보다 보면 개그맨의 유머 유형도 참 다양합니다. 예를 들어, 유재석의 유머와 김구라의 유머는 모두 시청자들에게 웃음을 주지만 스타일은 아주 다릅니다. 유재석은 출연자들에게 유머를 구사할 기회를 주면서 함께 웃음을 만들어가는 반면, 김구라는 타인의 잘잘못을 꼬집어 밝히거나 자신의 경험을 솔직히 고백하면서 웃음을 이끌어냅니다.

실제로 유머 스타일에 대한 재미있는 연구사례도 있습니다. 유머를 사용하는 사람의 유형에 따라 심리적 안녕감에 미치는 영향을 살펴본 연구입니다. 캐나다 웨스턴온타리오대학의 연구팀은 유머의 유형을 1) 친화형(어느 쪽에도 해를 끼치지 않고 인간관계를 증진시키는 유머를 사용하는 유형), 2) 자아도취형(또는 자아증진형. 자신의 삶에 대해 유머러스한 태도를 지니고 있는 유형), 3) 자학형(자신을 제물로 만든 유머로 인간관계를 증진시키는 유형), 4) 가학형(또는 공격형. 주로 다른 사람을 깎아내리고 상처를 줌으로써 얻는 유머를 사용하는 유형)으로 구분했습니다.

친화형인 사람은 "난 친구들과 자주 웃고 떠들고 놀아요"라고 표현하고, 자아도취형인 사람은 "나는 웃긴 구석이 많은 사람이어서 혼자 있을 때도 늘 즐거워요"라고 스스로의 유머 스타일을 정의합니다. 그렇다면 "가족과 친구들을 웃게 하기 위해 나 자신을 '디스' 하곤 해요!"라고 말하는 사람은 어떤 유형일까요? 또 "만약 누군가 실수를 하면, 그것을 놀려먹지요!"라고 말했다면요? 전자는 자학형이고 후자는 가학형이겠지요.

이 네 가지 유형의 유머는 자존감, 우울증과 각각 어떤 관계가 있을까요? 결과는 이렇습니다. 우선 친화형과 자아도취형은 자존감은 높고 우울감은 낮습니다. 이는 유머가 인간의 심리에 긍정적인 영향을 미친다는 다른 연구결과와 마찬가지였습니다. 하지만 자학형은 자존감이 낮고 반대로 우울감은 높았습니다. 가학형은 자존감이나 우울감과의 상관관계가 없었습니다. 다시 말해, 자학형은 오히려 부정적인 결과가 나왔고, 일반적인 유머의 장점을 하나도 못 얻는다는 이야기지요. 당연히 스스로에 대한 평가 역시 친화형이나 자아도취형은 긍정적이었고, 자학형은 부정적이었지요.

그러므로 유머의 태도로 건강을 지키고 좋은 인간관계를 맺고자 한다면, 자신이 사용하는 유머의 유형을 잘 체크해볼 필요가 있습니다. 연구에서는 자존감, 정서 상태, 자기평가에 중점을 두고 있지만, 다른 사람의 관계에 좀 더 집중을 한다면 어땠을까요? 아마도 가학형인 사람의 유머에 웃기는 하겠지만, 속으로는 그를 경계하고 싫어하게 될 것입니다. 그래서 유재석의 유머에는 편안함을 느끼는 반면, 김구라의 유머는 다소 불편한가 봅니다.

유머도 효과적으로 사용하려면 연습이 필요합니다. 말장난 연습이 아니고, 세상의 이치를 뒤집어보고 새로운 시각을 갖는 연습을 해야 한다는 뜻입니다. 해박한 지식과 재치 있는 입담으로 멋진 유머를 구사하는 방송인 김제동 씨는 대학생을 대상으로 한 강연에서 "기존 질서에 자리 잡은 틀을 깨버릴 수 있는 힘의 원천은 유머에서 찾을 수 있다. 유머의 출발점은 세상에 존재하는 사물을 있는 그대로가 아닌, 뒤집어서 다른 방식으로 생각해보는 것이다"라고 했습니다. 물론 새로운 시각을 갖는 것은 타고난 성품이기도 합니다. 하지만 변화를 두려워하지 않는다면, 연습을 통해 좋은 유머를 만들 수 있습니다. 뒤집어보면 유머가 보입니다.

유머는 삶에 웃음과 즐거움을 주어 우리 모두를 행복하게 하고 아픔과 고통을 치유해줄 수 있는 치료적인 태도입니다. 당신이 속한 사회가 딱딱한 경직증이나 권위주의에 사로잡혀 숨쉬기조차 힘들다면, 적절하고 위해가 없는 유머러스한 태도가 더 빛을 발할 것입니다.

Advices for good attitudes

함께 있어 기분이 좋아지는 사람은 어딜 가나 대접을 받습니다.

권위주의와 심각함 그리고 부끄러움을 버리고

조금만 실없어집시다.

재미있는 농담을 즐기십시오.

행복은 웃음 속에 피어납니다.

습관

서두르지 않고 포기하지도 않고 실천하는 사람

"인간은 생각의 씨를 뿌리고 행동을 수확하며,
행동의 씨를 뿌리고 습관을 수확한다.
습관의 씨앗을 통해 성격을 만들고 성격을 통해 운명을 수확한다."
_스와미 시바난다

태생적으로 갖고 태어나는 것은 바꾸기가 힘듭니다. 지능, 재능, 배경이 그렇습니다. 불평등하고 억울한 일입니다. 하지만 태도는 후천적 학습에 의해 바꿀 수 있습니다. 정서적인 측면, 인지사고적 측면, 행동적 측면을 잘 살펴보고 자신에게 어울리는 태도를 찾아서 학습하면 됩니다.

이 책을 쓰는 목적은 좋은 태도를 발견하고 습득하는 방법을 알려주는 것입니다. 그것이 바로 행복과 성공을 위한 또 하나의 기회이기 때문입니다. 그런데 내 삶에 어울리는 태도를 발견하는 것 못지않게 중요한 것이 하나 더 있습니다. 좋은 태도를 잃지 않는 것입니다. 이제 좋은 태도를 잘 유지할 수 있는 방법을 이야기할 때가 된 것 같습니다.

그중 스트레스 관리에 대해 먼저 이야기해보겠습니다. '태도에 관해 이야기한다더니 웬 스트레스 이야기?'라고 할 수도 있겠지만, 스트레스 관리법에는 좋은 태도를 유지할 수 있는 비결이 숨어 있습니다. 스트레스 관리 또한 시작만큼이나 유지가 중요하기 때문입니다.

스트레스 관리와 태도의 관계

스트레스는 만병의 근원입니다. 가능하면 스트레스를 받지 않아야 오래 살겠지만, 생각처럼 쉽지는 않습니다. 박봉에 야근까지 해야 하는 과도한 업무량, 성질 더러운 상사의 꾸지람, 아무리 허리띠를 졸라매도 늘 제자리인 통장 잔고, 새로 산 지 얼마 안 돼 액정이 깨진 스마트폰…… 이 모든 것이 스트레스가 될 수 있습니다. 덕분에 머리가 어찔하고, 가슴이 답답하고, 숨쉬기 힘들고, 소화불량에다 두통까지…… 게다가 직장을 그만둬야 하나 갈등하게 되고, 꾸지람하는 상사가 죽도록 미워지고, 당장 스마트폰을 변기에 던져버리고 싶은 충동이 듭니다. 이는 모두 정신과 육체에 악영향을 주는 '스트레스 반응'입니다. 스트레스는 우리도 모르는 상태에서 공격을 하기도 합니다. 또한 너무 다양해서 일일이 대응을 하기도 어렵습니다.

당장 스트레스를 경감시켜줄 스트레스 해소법 또는 대책이 있으면 좋겠지만, 외부적인 요인으로 스트레스가 해소되는 경우는 흔치 않습니다. 현실적으로 스트레스가 없는 삶이란 있을 수가 없습니다. 그러므로 스트레스를 해소하는 가장 현실적인 대책은 '스트레스 관리법'밖에 없는 셈이지요.

기본적인 스트레스 관리법이란, 일찍 자고 일찍 일어나며 세끼 식사를 균형 있게 잘 하는 것입니다. 이렇게 규칙적으로 생활하고 유산소운동을 하는 것이 기본입니다. 이미 초등학교에서 다 배운 것들이지요. 거기에다가 긍정적인 사고와 취미활동, 삶을 즐길 줄 아는 여유가 있다면, 가장 좋은 스트레스 관리법입니다. 매일 이렇게만 하면 스트레스의 압박에서 살아남을 수 있습니다. 정신적으로나 육체적으로 건강해지는 것은 물론이고요.

하지만 말처럼 쉽지는 않지요. 일찍 자고 일찍 일어나라고요? 일찍 자보려고 이불 쓰고 누워도 잠은 오지 않고 눈만 말똥말똥해집니다. 일찍 일어나기도 쉽지 않습니다. 아침식사는 고사하고 잠도 덜 깬 상태로 출근하다 지하철역을 잘못 내린 경우도 한두 번이 아닙니다. 매일 운동하라고요? 그것도 가능하면 같은 시간에요? 오히려 규칙적인 것이 스트레스가 됩니다. 이른 아침이든 퇴근 후 저녁이든, 운동을 안 할 핑계는 왜 그리 많은지 모르겠습니다. 날씨가 춥거나 바람이 많이 불거나, 혹은 날씨가 너무 좋아도 운동하기 싫습니다. 스트레스를 많이 받은 날엔 운동하면 왠지 더 몸이 힘들 것 같고, 그날따라 평소에는 연락 한 번 없던 친구가 술 한잔 하자고 전화를 해옵니다.

스스로를 합리화할 이런저런 핑계를 대봅니다. 하지만 이렇게 핑계를 대는 것 자체가 스트레스입니다. 핑계를 대면서 운동을 하지 않는 것도 스트레스고, 운동을 하지 않은 것 때문에 찜찜한 생각이 드는 것도 스트레스입니다.

그렇다면 스트레스를 잘 관리할 수 있는 방법은 없을까요? 정답은 하나밖에 없습니다. '습관'을 들이면 됩니다. 여러 가지 평계를 원천적으로 봉쇄하는 것입니다. 아무런 생각 없이 그냥 매일매일 실행하는 것이 습관이니까요. 하루도 빠짐없이 스트레스를 관리해주는 것이 진정한 스트레스 관리법입니다. 이는 지속적으로 유지되어야 한다는 점에서 태도와 유사합니다.

습관은 어떻게 만들어지는가

스트레스 관리나 태도처럼 피할 수 없는 것, 반복되는 것, 그리고 의지로 잘 안 되는 것들을 해결하는 가장 좋은 방법이 바로 '습관 만들기'입니다. 습관은 무의식적으로 반복하는 행동을 말합니다. 적절한 예가 아닐 수도 있지만, '김유신 장군의 말' 일화도 습관이 얼마나 무서운 것인지 보여줍니다. 매일 집으로 바로 가지 않고 '여자친구' 집에 들렀다 가던 김 장군의 습관 탓에, 그의 말은 술 취한 주인을 태우고 여느 때와 같이 샛길로 샜다가 목이 잘리는 봉변을 당합니다. 이 이야기는 말의 입장에서 습관을 이야기한 것이지만, 인간도 일단 습관이 되면 갈등이나 고민 없이 그저 해왔던 대로 하게 됩니다.

습관은 학습이라는 심리적인 과정의 산물입니다. '파블로프의 고전적 조건화(Pavlov's classical conditioning)'라는 행동주의 심리학 이론이 있습니다. 개는 맛있는 먹이를 먹을 때 침을 흘립니다. 개에게 '무조건 자극'인 먹이를 줄 때 '조건 자극'인 벨소리를 울립니다. 여러 번 반복해서 벨소리와 함께 먹이를 주면, '습관'처럼 개의 무의식에는 먹이와 벨소리가 하나로 자리 잡게 됩니다. 그 후에는 벨소리만 듣고도 마치 먹이의 냄새를 맡거나 맛을 본 것처럼 침을 흘리게 됩니다. 먹이라는 매개체가 없이도, 먹이를 먹는 것과 같은 생리적 반응이 일어나는 것이지요.

습관에 대한 다른 유명한 실험으로 '손다이크와 스키너의 조작적 조건화(Thorndike & Skinner's operant conditioning)'도 있습니다. 이번에는 쥐를 대상으로 한 실험입니다. 배고픈 쥐를 실험상자에 넣고, 지렛대를 누르면 먹이가 나오게 합니다. 우연히 지렛대를 눌러 먹이를 먹은 쥐는 반복해서 지렛대를 누르게 됩니다.

물론 두 실험은 모두 학습과도 관련이 있습니다. 파블로프의 개 실험은 별다른 보상이 없는 자극과 생리적 반응과의 관계를 보는 것이고, 손다이크와 스키너의 쥐 실험은 먹이라는 보상을 줍니다. 좋은 보상은 '긍정적 재강화(positive reinforcement)'가 되어 학습효과가 더 커지고 더 강력한 습관이 들게 됩니다. 전기가 흐르는 바닥을 피하게 하는 잔인한 실험도 있었는데, 이때는 '부정적 재강화(negative reinforcement)'가 일어납니다. 이 역시 회피하는 학습을 통해 습관을 만드는 것입니다. 좋은 습관을 만들기 위해서는 두 가지 모두 잘 이해해야 합니다.

습관 만들기의 타임스케줄

매일 아침 운동하는 것을 목표로 삼았다고 가정해봅시다. 처음에는 힘이 많이 들 겁니다. 핑곗거리도 많이 생기겠지요. 하지만 그냥 무턱대고 해보는 겁니다. 이런저런 생각 할 것 없이 그저 실행하는 데 초점을 맞추어야 합니다. 아침이면 무조건 옷을 갈아입고 나갑니다. 처음에는 제시간에 일어나는 것도 어렵지만, 일단 밖에 나오면 어렵지 않게 운동을 시작하게 됩니다. 이른 아침 빨리 걷기를 하는 사람은 어디든 많으니 따라하게 됩니다. '운동을 하겠다'는 생각보다는 '일단 밖으로 나가야지' 하는 생각이 더 효율적입니다.

태도로 이야기하자면, 어떤 것이 좋은 태도인지 잘 알고 실천해보면 됩니다. 예를 들어, '미소 짓기'의 경우, 처음에는 어색해도 자꾸 미소를 짓다 보면 그 장점을 하나하나 경험하게 됩니다. 처음에는 입꼬리를 살짝 추켜올리기도 쉽지 않지만, 한번 미소를 띠고 나면 그다음부터는 어쩔 수 없이 하게 됩니다. 한번 웃어준 사람을 다음에 무덤덤하게 보기가 더 어색하니 말이지요.

'작심삼일'이라는 말이 있듯이, 처음 3일은 쉽습니다. 습관화되지 않아도 의지만 있으면 3일은 즐겁습니다. 그러나 3주째가 되면 고비가 닥칩니다. 우리 몸이 반복되는 행동을 체화하기까지 걸리는 시간이 바로 3주입니다. 아침에 운동하기도, 억지로 미소 짓기도 마찬가지입니다. 하지만 3개월이 지나고 나면 달라지기 시작합니다. 평균적인 이야기지만, 3개월이 지나면 운동효과도 서서히 나타나기 시작합니다. 몸의 변화를 실감할 수 있지요. 마찬가지로 3개월쯤 지나면 주변의 시선이 바뀝니다. "저 친구는 늘 웃고 다녀"라는 평판이 들리기 시작합니다. 6개월이 지났다면, 당신의 몸은 아침운동이라는 습관에 길들여졌을 겁니다. 당신의 태도 또한 미소가 넘치는 모습으로 바뀌었겠죠. 마치 파블로프의 실험처럼, 그냥 하다 보면 자신도 모르게 움직여지는 것입니다.

운동으로 인한 몸의 생리적 반응은 긍정적일 수밖에 없습니다. 활력이 넘치고, 좀처럼 지치지 않습니다. 감기도 잘 안 걸리고 야근을 해도 덜 피곤하지요. 그래서 몸이 다시 운동을 부릅니다. 태도도 마찬가지입니다. 미소를 지으면 주변 사람들도 즐거워집니다. 그 즐거움에 당신도 행복해지죠. 칭찬도 잦아지고 사람들이 함께 있길 원합니다. 더불어 긍정적인 변화가 일어납니다. 그래서 마음이 다시 미소를 부르지요.

습관 만들기에는 이런 타임스케줄이 있으니, 너무 서두르지도 또는 중간에 포기하지도 말아야 합니다. 누구에게나 고난은 있고, 포기하고 싶은 마음이 굴뚝같은 날도 있는 법입니다. 그럴 때는 손다이크와 스키너의 쥐를 떠올려보세요. 스트레스 관리 중이라면, 매주 운동 회수만큼 상을 줍니다. 자신이 스스로 정한 상도 좋고, 아주 가까운 친구나 가족에게 부탁해도 좋습니다. 미소의 태도도 마찬가지입니다. 하루 한 번 하는 운동과 하루 수백 번도 더 짓는 미소는 다르니, 몇 번 웃었나를 기록하기는 어렵겠지요. 그러면 자신의 미소가 얼마나 만족스러웠는지 10점 만점에 몇 점을 줄지 채점하는 방법을 쓰면 됩니다. 5점 이상이면 역시 상을 주는 것이지요. 이렇게 '긍정적 재강화'를 이용하면 조금 더 수월하게 습관을 만들 수 있습니다.

좋은 태도를 습관화하려면

태도가 습관화되면, 가장 큰 장점은 평생 유지된다는 점입니다. 아무리 좋은 태도라도 유지되지 않는다면 별 도움이 되지 않습니다. 나이 들고 포지션이 달라지면 태도도 조금은 바뀌어야 하지만, 전체적인 태도를 새로 만들 수는 없습니다. 유지가 돼야 발전과 변화가 가능합니다.

두 번째 장점은 심신의 에너지 절약입니다. 태도가 습관이 되면 별 생각 없이도 행할 수 있습니다. 습관은 무의식적으로 이루어지므로 힘들이지 않고도 할 수 있습니다. 일단 시작하면 이렇게 할까 저렇게 할까 하는 고민도 사라집니다. 아무리 좋은 태도를 갖고 있더라도, 매번 생각이 많거나 '나는 이런 태도를 유지해야 해'라고 다짐해야 한다면, 너무 힘들지 않을까요?

끝으로 습관화되면 스트레스를 덜 받고 태도 활용의 효율성이 높아진다는 장점이 있습니다. 오래도록 지속할 수 있으니 당연한 결과겠지요. 어떤 습관이든 시작하는 것만큼 유지하는 것이 중요합니다.

운동이든 미소든, 3일은 쉽게 지나가니 3주만 버티세요. 3개월 동안 조금만 더 신경을 써보고요. 이렇게 3년이 지나면, 죽을 때까지 그 습관을 유지할 수 있습니다. 세 살 버릇 여든까지 가듯이 말입니다.

Advices for good attitudes

마거릿 대처의 아버지는 대처에게 이런 말을 했습니다.

"생각을 조심해, 생각은 말이 되니까. 말을 조심해, 말은 행동이 되니까.

행동을 조심해, 행동은 습관이 되니까. 습관을 조심해, 습관은 인격이 되니까.

인격을 조심해, 인격은 운명이 되니까."

이처럼 습관은 태도가 되고, 태도는 당신의 인격이 되는 것입니다.

실천

차근차근 준비하면서
한 걸음씩 나아가는 사람

"행동하라! 학문만으로는 결코 행복해질 수 없다."
_루트비히 판 베토벤

필자는 지난 2009년부터 6년간 한 매체의 행복에 관한 인터뷰를 매달 진행했습니다. 사회적으로 저명한 사람들을 만나, 그들에게 행복은 무엇이며 어떻게 하면 행복해질 수 있는지를 물었지요. 그중 한 사람이 시골의사 박경철이었습니다. 아시다시피 그는 외과전문의로, 주식투자가로, 베스트셀러 작가로, 방송인으로, 강사로 모두 성공한 인물입니다. '행복 인터뷰' 말미에 과연 그의 미래는 어떨까, 어떤 미래를 꿈꾸는가 궁금해졌습니다.

"저는 계획이라는 것이 없습니다. 그냥 앞에 주어진 일에 최선을 다할 뿐, 이 길이 어디로 가는지 알려고 하질 않습니다. 그저 좋아하는 것을 합니다. 리스크가 많아도 재미있을 것 같은 일은 마다하지 않습니다." 미래에 대한 질문에 그는 현실 속 실행의 중요성에 대한 이야기로 답했습니다.

"생각을 하면 곧 실천을 합니다. 미래에 대한 걱정, 심지어 비전까지도 현실의 즐거움보다 중요하지 않습니다." 그가 가진 바람직한 태도는 상당히 다양하지만, 무엇보다 부러웠던 것은 이처럼 실행력이 뛰어난 태도였습니다. 그래서 조용하고 얌전해 보이지만, 알고 보면 뜨겁고 강한 남자라는 걸 알게 되었지요.

그뿐만이 아닙니다. 탤런트 김여진, 뮤지컬감독 박칼린, 아나운서 윤영미, 소설가 베르나르 베르베르 등 6년간 만나본 소위 이 사회에서 행복하고 성공했다는 70여 명의 인사들은 생각에만 매달려 있지 않았습니다. 깊이 생각하든 아니면 별 고민 안 하든, 우선 행동부터 하고 보았습니다.

실천의 첫걸음, 한치론

필자에게 상담하러 오는 사람들은 비슷한 고민을 합니다. '미래는 어떨까?' '과연 나에게 희망이 있을까?' '나는 무엇을 할 수 있을까?' 물론 이런 고민이 쉽게 해결되지는 않습니다. 오히려 부정적인 결론에 도달하는 경우도 적지 않습니다. 부정적인 사람들 대부분은 자신을 지나치게 과소평가하거나 미래에 대한 희망이 너무 과대포장되어 있습니다. 그런 경우, 버겁게 느껴지는 미래를 가볍게 만들기도 어렵고, 스스로를 낮게 바라보는 자기비하도 고치기 어렵겠지요. 감정과 사고를 바꿔 부정적인 미래관과 가치체계를 바꾸려고 해도 쉽게 되지 않습니다. 이때에는 바로 행동부터 바꿀 필요가 있습니다. 감정과 사고의 수정이 목표지만, 일단 행동부터 바꾸어나가는 것입니다.

행동요법이란 행동의 변화를 통해 감정과 사고를 이끄는 심리치료법입니다. 인간의 고차원적인 심리를 동물의 행동 관찰로 푸는 것이 탐탁지 않을 수도 있겠지만, 행동요법의 근간은 동물실험입니다. 우리가 잘 알고 있는 파블로프나 스키너 같은 심리학자들의 연구를 기초로 하고 있지요. 결국 동물을 관찰해보니 심리적인 변화와 행동의 변화는 밀접한 관계가 있다는 사실을 발견했습니다. 인간도 마찬가지입니다. 쉬운 예로, 우울할 때 운동을 하면 기분이 상쾌해집니다. 따라서 행동 수정이 인간의 심리에 큰 영향을 미친다는 것을 부정할 수는 없겠지요. 이런 연구의 결과로 인간의 감정과 사고를 치료하는 것이 바로 행동요법입니다. 의학적으로는 스트레스, 신체화증상, 식이장애와 비만, 물질중독 등의 치료에 사용됩니다. 행동요법의 측면에서 보자면, 행동을 바꾸면 세상이 바뀝니다. 좋은 태도를 갖추면 그것의 행동적 측면 때문에 인생이 바뀌게 되는 것입니다.

 30대 초반의 한 여성이 상담을 하러 왔습니다. '삶이 두렵다'는 그녀는 자신을 둘러싼 모든 것에 절망감을 느끼고 있었습니다. 아버지는 대학시절 돌아가셨고, 최근에는 함께 집안 살림을 책임지던 어머니가 갑자기 중풍으로 쓰러지셨습니다. 그때부터 그녀의 두려움은 시작되었습니다. 현재는 인터넷 쇼핑몰을 운영하고 있지만, 그녀의 꿈은 영화감독이었습니다. 동생 둘 뒷바라지가 끝나는 5년 후부터 접었던 영화감독의 꿈을 이루기 위해 다시 시작해볼 생각이었습니다. 그런데 어머니가 쓰러지시고 나니 모든 것이 달라졌고 결국 절망감에 빠졌습니다.

그녀의 현실 판단은 틀리지 않았습니다. 하지만 최악의 상황은 아니었습니다. 동생들과 함께 4~5년만 더 고생하면 자신의 꿈을 위해 도전할 수 있다는 것을 알고 있습니다. 그런데 나쁜 일이 연달아 일어나자 부정적인 생각만 하게 되고, 자신의 꿈은 도저히 정복할 수 없는 높은 산같이 느껴졌던 것입니다. 열악한 현실이 더 야속하게만 느껴졌던 것이지요. 저는 그녀의 이야기를 듣고 이런 조언을 해주었습니다.

"그렇게 먼 산꼭대기만 바라보고 있으면, 당신이 너무나 작고 보잘것없게 느껴질 수밖에 없습니다. 산의 높이에 정신은 어지럽고, 앞으로의 고생 걱정으로 한숨만 나올 겁니다. 산 아래 앉아, '어떻게 오르나' 하고 고민해봤자 소용없습니다. 그러지 말고, '한 치 앞'만 내다보고 걸어갑시다. 이미 많은 사람들이 밟고 올라가 만들어진 오솔길이 보일 겁니다. 그 길을 한 걸음 한 걸음 조심스럽게 걸어가다 보면, 어느 틈엔가 당신도 정상에 서게 됩니다. 이제 그만 고민하고, 첫걸음부터 시작하십시오."

몇 차례의 상담 이후 그녀는 쇼핑몰 일에 더 열심히 매진하기 시작했습니다. 그리고 시간 나는 대로 틈틈이 영화 관련 책을 보고 있다고 했습니다. 그녀의 상황이 얼마나 더 나아졌는지는 모르겠지만, 적어도 현실을 걱정하며 주저앉아 절망에 빠져 있던 예전과는 많이 달라졌음을 느낄 수 있었습니다. 행동 자체가 치유가 될 수 있음을 그녀도 깨달은 것입니다.

실천을 방해하는 스타트 신드롬

실천을 방해하는 요소는 다양합니다. 개인적으로는 태도가 준비되어 있지 않을 때 그렇겠지요. 집단적으로는 인력이나 자금의 준비가 부족할 때 실행을 할 수 없습니다. 기타 다양한 원인으로 어떤 일을 시작하기 힘든 것을 '스타트 신드롬'이라고 합니다. 자신감이 없어서 쉽게 포기를 하는 사람이든, 지나치게 꼼꼼해서 사전준비에 시간을 다 빼앗겨버리는 사람이든, 의존적이라 남이 해주지 않으면 실행하지 못하는 사람이든, 자신은 하지도 못하면서 남 탓만 하는 사람이든, 스타트 신드롬 때문에 실행을 못하는 경우가 많습니다. 이런 경우에는 심리적 변화가 필요합니다. 상담이나 멘토링이 필요하지요.

하지만 스타트 신드롬과 같은 방해 요소가 없더라도 실행을 못하는 경우 또한 적지 않습니다. 누구나 느끼는 '새로운 시작에 대한 불안'이 실행을 방해하는 것이지요. 낯선 환경에 대한 적응이 떨어져서일 수도 있고, 혼자만의 힘으로 해야 한다는 독립의 두려움일 수도 있고, 막중한 책임에 대한 압박감 때문일 수도 있습니다. 그런데 이런 불안감은 한 번이라도 성공의 기쁨을 맛보면 잦아들기 마련입니다. 처음이 힘들지 막상 두서너 번만 해보면 주눅 들지 않을 수 있습니다.

물론 실행을 방해하는 요소에서 우리가 짚고 넘어가야 할 부분은, 실행 직전까지의 마음가짐과 준비입니다. 좋은 태도를 실행으로 옮기기 위해서는, 태도가 당신에게 주는 의미를 잘 깨닫고 있어야 합니다. 많이 생각하고 공부해야 합니다. 이런 준비의 과정이 형편없이 부족하면, 실행은 100퍼센트 실패할 것입니다. 어느 정도가 적당한 준비라고 말하기는 어렵지만, 많이 부족하다 싶으면 더 열심히 준비하고, 조금 부족하다 싶으면 지금 당장 실행하라고 말할 수는 있습니다.

당신이 20대 젊은이고 50퍼센트 이상 성공할 확률이 있다고 판단되면 즉시 실행하길 바랍니다. 나이가 들수록 성공 확률은 더 줄어듭니다. 학습 능력이 떨어지고 변화에 대한 적응력도 저하되기 마련입니다. 어쩔 수 없는 노화 과정이니까요. 혹시 당신이 마흔 이후 중년이라면, '이거 도전해봐도 될까?'라는 생각이 들면 무조건 실행하십시오. 그 나이가 되면 실패할 도전이라는 판단이 서면 쳐다보지도 않을 테니까요. 30대요? 도전과 성공의 확률 모두 어중간합니다. 도전의 태도가 얼마나 강하냐에 따라 달라지겠지만, 20대보다는 신중하고 40대보다는 과감하겠지요. 결론은 나이가 어떻게 되든, 하고 싶다면 우선 실행을 해보라는 것입니다.

실천을 위한 5가지 조언

앞서 우리는 수많은 태도에 대해 이야기했습니다. 정서, 사고방식,

그리고 행동으로 분류하고 분석해보았습니다. 다양한 사례를 보았고, 당신의 현재와 비교해보았습니다. 얼마나 준비가 되었는지 모르겠지만, 이 모든 것이 준비의 시간이었습니다. 이제는 실행에 옮겨야 할 시간입니다. 실행 직전에 있다면, 몇 가지 '몸 풀기 마음자세'만 습득하고 곧바로 실천하기를 바랍니다.

첫째, 태도는 학습된다는 사실을 잊지 말아야 합니다. 재능과 배경은 바꿀 수 없지만, 태도는 노력하면 바꿀 수 있습니다. 태도가 바로 당신의 성공 열쇠입니다.

둘째, 당신이 선택한 태도에 애정을 가지세요. 선택은 희생이 따릅니다. 당신이 선택한 만큼 그 태도를 만들어나가기 위해 최선을 다해야 합니다. 그냥 대충대충 할 거라면 차라리 포기하는 편이 낫습니다. 시간낭비하지 말고요.

셋째, 실패한다는 생각은 결코 하지 마세요. 성공한다는 강한 신념으로도 태도를 바꾸기란 쉽지 않습니다. 물론 실수는 할 수 있습니다. 실수를 통해 더 많은 것을 배울 수 있습니다.

넷째, 어떤 태도를 학습했는가도 중요하지만, 삶 속에서 훈습(working-through)하는 것이 더 중요합니다. 훈습이란 말 그대로 삶 속에서 행하며 사는 것입니다. 실행을 통해 태도의 경험을 잘 살펴보세요.

다섯째, 생각하고 싶지도 않지만 혹시 잘못되었다고 생각되면, 마지노선을 명확히 해두어야 합니다. 이런 태도로 살아가면서 보는 손해를 얼마나 감당할 수 있는지, 또 그 시점이 언제 올지를 잘 판단하고, 한계점을 명확히 설정해두어야 합니다. 더 이상 안 되겠다고 판단이 되면 과감히 포기하세요. 기회는 또 옵니다.

다시 강조하지만, 태도는 실행을 위한 것입니다. 생각만으로는, 마음만으로는, 태도가 작동하지 않습니다. 당신이 옳다고 생각한다면 행동으로 보여주세요. 물론 포기도 실행의 한 축입니다. 언제나 당신이 옳습니다. 이제 당신의 뜻을 펼쳐보일 시간입니다.

Advices for good attitudes

일단 시작합시다.

처음에는 무거운 발걸음일지라도 익숙해지면 저절로 움직여집니다.

행복과 성공을 위해 당신에게 절실한 태도가 있다면

지금 당장 실천하십시오.

모든 것을 이기는
태도의 힘